SCHÄFER Muster für Arbeitsverträge

RdW Schriftenreihe
›Das Recht der Wirtschaft‹

April 2024

Muster für Arbeitsverträge

Gerd Schäfer
Rechtsanwalt

8., überarbeitete Auflage, 2024

BOORBERG

Bibliografische Information der Deutschen Nationalbibliothek | Die Deutsche Nationalbibliothek verzeichnet diese Publikation in der Deutschen Nationalbibliografie; detaillierte bibliografische Daten sind im Internet über www.dnb.de abrufbar.

8. Auflage, 2024

ISBN 978-3-415-07606-8

Die Schriftenreihe >DAS RECHT DER WIRTSCHAFT< (RdW) ist Teil des gleichnamigen Sammelwerks, einer Kombination aus Buch und Zeitschrift.

Verantwortlich: Carola Moser, B.A.

Richard Boorberg Verlag GmbH & Co KG | Scharrstraße 2 | 70563 Stuttgart
Stuttgart | München | Hannover | Berlin | Weimar | Dresden
www.boorberg.de

Gesamtherstellung: Laupp & Göbel GmbH | Robert-Bosch-Str. 42 | 72810 Gomaringen

---

Vorwort

Bücher und sonstige Veröffentlichungen zum Thema „Muster für Arbeitsverträge“ sind bereits in großer Zahl auf dem Markt; hinzu kommen die vielen Empfehlungen und Mustertexte von Verbänden und Kammern. Ergänzend dazu findet sich auch noch im Internet eine Vielzahl an Vertragsmustern in allen möglichen Varianten. Da stellt sich zunächst die Frage nach dem speziellen Nutzen gerade dieses Werkes.

Die nachfolgenden Ausführungen richten sich in erster Linie an Verantwortliche in kleineren und mittleren Unternehmen, die sich einen Überblick verschaffen möchten und die nicht über eigene arbeitsrechtliche Stabsabteilungen verfügen. Große Konzerne mit ihren zahlreichen Spezialistinnen und Spezialisten sind ohnedies in der Lage, Vertragstexte auszuarbeiten, die exakt auf die Situation der jeweiligen Einheit (Branche, Betriebsgröße, kollektivrechtliche Rahmenbedingungen etc.) zugeschnitten sind. Aus der Sicht des Verfassers sind in den dargestellten Mustertexten diejenigen Punkte aufgeführt, die es bei der Vertragsgestaltung im „Normalfall“ zu berücksichtigen gilt. Der Vollständigkeit halber werden dabei auch Themenbereiche abgedeckt, die möglicherweise nur für größere Unternehmen relevant sein könnten (z. B. die Möglichkeit einer konzernweiten Versetzung oder Öffnungsklauseln für Tarifverträge oder Betriebsvereinbarungen). Es bleibt deshalb Aufgabe des Anwenders, bei der konkreten Erstellung eines Arbeitsvertrages zu prüfen, in welchem Umfang die Einbeziehung der im Buch vorgeschlagenen Vertragsklauseln in der konkreten Ausgangssituation sinnvoll ist.

Auch für Arbeitnehmerinnen und Arbeitnehmer dürfte es ganz interessant sein, mehr Hintergründe über Gestaltungsmöglichkeiten eines Arbeitsvertrages zu erfahren. Zwar werden die einzelnen Bedingungen üblicherweise nicht wirklich verhandelt zwischen Arbeitgeber und Arbeitnehmer. Die eigene vertragliche Situation lässt sich aber umso besser einschätzen und bewerten, je mehr Informationen zu dem betreffenden Thema zur Verfügung stehen.

Zum Aufbau des Buches:

Im ersten Teil finden sich allgemeine Informationen zum Arbeitsrecht und zur Gestaltung von Arbeitsverträgen.

Im zweiten Teil folgen dann die einzelnen Musterverträge für diejenigen Arbeitsverhältnisse, die keiner Tarifbindung unterliegen. Am Beginn dieses zweiten Teils stehen folgende zwei Vertragsmuster:

– Zunächst eine Kurzfassung in Anlehnung an das Nachweisgesetz

- und daran anschließend **Muster Nr. 2** – sozusagen als Kern der gesamten Ausführungen – ein **ausführlicher Muster-Arbeitsvertrag**, in dem sehr viele Regelungsbereiche abgedeckt sind.

Als dritter Mustertext ist im zweiten Teil noch ein Vertrag für leitende Angestellte aufgeführt und den Abschluss dieses Kapitels bildet ein nachvertragliches Wettbewerbsverbot.

Der dritte und letzte Teil des Buches befasst sich mit der Vertragsgestaltung in tarifgebundenen Unternehmen, neben einem allgemeinen Vertrag ist eine mögliche Regelung für sogenannte außertarifliche Angestellte enthalten.

Bühl, im Januar 2024 *Gerd Schäfer*

Inhalt

Teil 1: Generelle Überlegungen und Ausgangssituation

1. Ausgangssituation und Tendenz im Arbeitsrecht

1.1 Von der „Entfremdung" zur „Entgrenzung"

Der Arbeitsvertrag ist ein gegenseitiger Vertrag, den zwei Parteien freiwillig abschließen. Die Hauptpflichten aus dieser Vereinbarung sind einerseits die Leistung einer bestimmten Zeitdauer an Arbeit sowie als Gegenleistung dafür die Bezahlung eines vorher festgelegten Entgelts. Karl Marx hat dieses Grundprinzip bereits 1849 so zum Ausdruck gebracht:

„Die Arbeitskraft ist also eine Ware, nicht mehr, nicht minder als der Zucker. Die erste mißt man mit der Uhr, die andre mit der Waage. ... Der Arbeitslohn ist also nur ein besondrer Name für den Preis der Arbeitskraft, für den Preis dieser eigentümlichen Ware, die keinen anderen Behälter hat als menschliches Fleisch und Blut."

(aus „Lohnarbeit und Kapital", erschienen in der Neuen Rheinischen Zeitung im April 1849).[1]

Welche Auswirkungen fremdbestimmte Arbeit auf die Betreffenden und deren (Selbst)Bewusstsein hat, hatte schon knapp 50 Jahre zuvor Georg Wilhelm Friedrich Hegel herausgearbeitet: in der Arbeit verstärke sich die **Entfremdung des menschlichen Bewusstseins von der Natur**. Der Arbeiter sei an der *„unmittelbaren Befriedigung natürlicher Triebregungen"* während der Arbeitszeit gehindert, Arbeit sei somit nichts anderes als *„aufgehobene Begierde."* Mehr als 200 Jahre später hat das BAG an diesen Grundgedanken erneut angeknüpft. Das Aufschieben eigener Bedürfnisse (Hegel) bzw. die Befriedigung eines fremden Bedürfnisses wird zum Kriterium dafür, ob eine Tätigkeit als Arbeitszeit zu werten ist oder nicht: *„Arbeit ... ist jede Tätigkeit, die als solche der Befriedigung eines fremden Bedürfnisses dient"* (Zitat aus dem BAG-Grundsatzurteil vom 17.10.2018 zur Frage der Bewertung von Reisezeiten als Arbeitszeit[2]).

Seit den Erkenntnissen von Hegel und Marx ist einige Zeit vergangen. Neben den Aspekt des reinen Austausches von Ware (fremdbestimmte Arbeit) gegen Geld und einer Entfremdung von der Natur ist verstärkt der Gedanke getreten, dass Menschen sich durch ihre Erwerbsarbeit auch selbst verwirklichen wollen und sie ihre Arbeit als Teil ihrer Persönlichkeitsentfaltung betrachten. Dies geht sogar so weit, dass die Rechtsprechung heute

---

1 Zitiert aus dem Gesamtverzeichnis Karl Marx im Internet unter http://www.mlwerke.de/me/me06/me06_397.htm.

2 BAG, Urteil vom 17.10.2018 – 5 AZR 553/17.

unter bestimmten Voraussetzungen einen Beschäftigungsanspruch vorsieht – auch gegen den Willen des Arbeitgebers, der eine Arbeitnehmerin oder einen Arbeitnehmer unter Wahrung der vollen Bezüge von der Arbeit freigestellt hat. Grundlage hierfür ist das im Grundgesetz verankerte allgemeine Persönlichkeitsrecht.

Noch weitergehend in die Richtung einer Verflechtung von Arbeits- und Privatleben sind neuere Entwicklungen durch die zunehmende Digitalisierung und die stärkere Verbreitung von Homeoffice in vielen Bereichen. Nicht nur Gewerkschaften warnen hier bereits unter dem **Stichwort „Entgrenzung"** vor einer zu starken Aufhebung von Trennungslinien zwischen (fremdbestimmter) Arbeit einerseits und dem Privatleben anderseits. *„Arbeiten 4.0: Entgrenzung von Arbeit und Freizeit – wenn aus Selbstbestimmung Selbstausbeutung wird"* lautete beispielsweise der Titel einer Seminarreihe der Vereinten Dienstleistungsgewerkschaft ver.di bereits im Jahr 2020 zu diesem Thema.

Die veränderte Sichtweise auf das Wesen der Erwerbsarbeit – weniger Entfremdung als vielmehr Mittel zur Selbstverwirklichung – darf jedoch nicht darüber hinwegtäuschen, dass das Arbeitsverhältnis für den weit überwiegenden Teil der Betreffenden in erster Linie nach wie vor die finanzielle Grundlage für die Sicherstellung ihres aktuellen Lebensunterhalts und der finanziellen Planung ihrer Zukunft darstellt. Widerrufsvorbehalte für bereits vereinbarte Leistungen, einseitige Leistungsbestimmungen zur zukünftigen Entgelthöhe oder die Frage der Bezahlung von Überstunden werden sich nach wie vor am Charakter des Arbeitsvertrages als gegenseitiges Austauschverhältnis „Arbeit gegen Entgelt" messen lassen müssen.

1.2 „Hard cases make bad law"

„Arbeitsrecht" führt im Ergebnis in vielen Bereichen zu einer Einschränkung der Privatautonomie. Dies gilt auch und gerade auf dem Gebiet der Gestaltung vorformulierter Arbeitsverträge.

Arbeitsrechtliche Vorgaben für die Wirksamkeit von Regelungen in Arbeitsverträgen entstehen oft als Reaktion auf Sachverhalte aus dem täglichen Arbeitsleben, die als unausgewogen empfunden werden. Es ist häufig der Versuch einer Korrektur dessen, was vor dem Hintergrund des fehlenden Gleichgewichts zwischen Arbeitgeber und einzelnem Arbeitnehmer einseitig in Arbeitsverträgen vorgegeben wurde oder anderweitig Inhalt eines Arbeitsverhältnisses geworden ist.

Die Korrektur eines fehlenden Gleichgewichts zwischen Arbeitgeber und einzelnem Arbeitnehmer würde grundsätzlich dem Gesetzgeber obliegen, und zwar in vorausschauender Art und Weise. Im gesamten Arbeitsrecht findet sich jedoch häufig aufgrund fehlender gesetzlicher Bestimmungen so genanntes „Richterrecht“, d.h. Entscheidungen der Arbeitsgerichte, als rechtliche Grundlage. Und selbst dort, wo eine gesetzliche Regelung vorliegt, wird den Gerichten nicht selten ein großer Beurteilungsspielraum eingeräumt, beispielsweise bei der Inhaltskontrolle vorformulierter Arbeitsverträge.

Aus Sicht der Arbeitgeberschaft werden bei dieser nachgelagerten Ersatzgesetzgebung nicht immer sachgerechte Ergebnisse erzielt. Häufig befassen sich die Gerichte nicht mit den vielen „normalen“ Fallgestaltungen, die ein vorausschauender Gesetzgeber vor Augen gehabt haben sollte, sondern mit Sachverhalten, für die sie einen Korrekturbedarf erkennen. Die Verallgemeinerung dieses Korrekturbedarfs in der Form von (Urteils-)Leitsätzen kann dann zu einschränkenden Auswirkungen auch auf die angesprochenen „normalen“ Fälle führen – „hard cases make bad law.“[3]

Die generelle Notwendigkeit der Herstellung einer Balance und des Ausgleichs der Interessen dürfte gleichwohl auch vonseiten der Arbeitgeber – trotz mancher als überschießend empfundenen Entscheidung – nicht ernsthaft in Frage gestellt werden.

2. Der Arbeitsvertrag im Verhältnis zu Gesetz, Tarifvertrag und Betriebsvereinbarung

Arbeitsrechtliche Bestimmungen finden sich nicht nur im Arbeitsvertrag, sondern auch in anderen Regelungen und Dokumenten. Diese unterschiedlichen Regelungen stehen in einem bestimmten Rangverhältnis zueinander, das für die hier betrachteten Regelungsebenen nachfolgend dargestellt ist:

Gesetz

↓

Tarifvertrag

↓

Betriebsvereinbarung

↓

Arbeitsvertrag

3 Einer der bekanntesten Aphorismen aus dem Anglo-Amerikanischen Rechtssystem, der bereits in Fällen aus dem frühen 19. Jahrhundert zitiert worden ist. Frei übersetzt lautet dieser in etwa so:
„Ein Fall, der zu einer besonderen Härte führen würde („hardship“), verführt die Richter dazu, bestehende Rechtssätze anzupassen, um die Not zu vermeiden. Dies kann allerdings zu einem neuen Rechtssatz führen, der für den vorliegenden Fall angemessen ist, der sich jedoch als nicht stichhaltig herausstellt für eine allgemeine Verhaltensregel.“

Wird dieselbe Ausgangsfrage in den einzelnen Ebenen unterschiedlich geregelt (zum Beispiel ab dem wievielten Krankheitstag die Vorlage einer ärztlichen Arbeitsunfähigkeitsbescheinigung gefordert wird), ist Folgendes zu beachten:

Grundsätzlich gilt das **Rangprinzip:**

Die Regelung in einer höheren Ebene hat Vorrang gegenüber der Regelung in einer darunterliegenden Ebene.

Davon gibt es zwei Ausnahmen:

- erstens: Die abweichende Regelung in der darunterliegenden Ebene ist für die Mitarbeiterin oder den Mitarbeiter günstiger. Dann ist diese Bestimmung maßgebend (sog. **Günstigkeitsprinzip**); oder
- zweitens: Die Abweichung ist aus Sicht der Arbeitnehmerseite zwar ungünstiger; dies wird in der betreffenden höherrangigen Regelung jedoch ausdrücklich zugelassen (aufgrund einer **Öffnungsklausel**).

Nachfolgend einige Stichworte zu den einzelnen, hier dargestellten Regelungsebenen:

2.1 Gesetze

Eingangs wurde auf den Umstand hingewiesen, dass wir im Arbeitsrecht häufig Richterrecht vorfinden aufgrund mangelnder gesetzlicher Bestimmungen. Gleichwohl regeln zahlreiche Gesetze wesentliche Rechte und Pflichten aus dem Arbeitsverhältnis. Diese Normen sind im Laufe der letzten Jahrzehnte erlassen worden und dienen fast ausschließlich dem Schutz der Interessen der Arbeitnehmer. Hierzu zählen beispielsweise das Kündigungsschutzgesetz, das Entgeltfortzahlungsgesetz, das Arbeitszeitgesetz und das Bundesurlaubsgesetz. Ferner zählen dazu das Nachweisgesetz, das Gesetz zum Elterngeld und zur Elternzeit sowie das Teilzeit- und Befristungsgesetz. Aus der jüngeren Vergangenheit sind hier insbesondere das allgemeine Gleichbehandlungsgesetz und das Mindestlohngesetz zu erwähnen.

2.2 Tarifverträge

Tarifverträge sind Vereinbarungen zwischen einer Gewerkschaft und einem Arbeitgeberverband. Die dort festgelegten Regelungen gelten vereinfacht gesagt „wie ein Gesetz" für diejenigen Arbeitsverhältnisse, auf die der Tarifvertrag aufgrund beiderseitiger Verbandszugehörigkeit Anwendung findet.

→ Grundmodell der Tarifbindung: beiderseitige Verbandszugehörigkeit

Grundsätzlich ist dies dann der Fall, wenn

- der Arbeitgeber Mitglied im betreffenden Arbeitgeberverband ist und gleichzeitig
- der Arbeitnehmer Mitglied derjenigen Gewerkschaft ist, die den Tarifvertrag abgeschlossen hat.

→ Anwendung von Tarifverträgen aufgrund einzelvertraglicher Bezugnahme im Arbeitsvertrag

Der Anwendungsbereich von Tarifverträgen hat sich in der Praxis jedoch weit darüber hinaus entwickelt. In Unternehmen, die einem tarifvertragsschließenden Arbeitgeberverband angehören, werden im Regelfall Arbeitsverträge verwendet, in denen die Geltung der einschlägigen Tarifverträge vereinbart wird (in welcher Form und mit welcher Qualität siehe im Kapitel über Arbeitsverträge mit Tarifbindung). In diesem Fall gelten die vereinbarten Tarifbestimmungen auf der Ebene des Arbeitsvertrages auch für Nicht-Mitglieder der betreffenden Gewerkschaft.

→ Allgemeinverbindlichkeit von Tarifverträgen

Für einige Branchen wurden Tarifverträge oder bestimmte Bereiche daraus (z.B. Manteltarifverträge) auch „für allgemeinverbindlich“ erklärt. Beispiele hierfür gibt es im Einzelhandel, in der Gastronomie sowie in vielen Handwerksbereichen und der Baubranche. Die Folge davon ist, dass die betreffenden Tarifregelungen automatisch für alle Arbeitsverträge der Branche im jeweiligen Tarifgebiet gelten. Zuständig für diese Maßnahme sind das Bundesministerium für Wirtschaft und Arbeit bzw. die obersten Arbeitsbehörden der Länder. Gemäß dem Verzeichnis der für allgemeinverbindlich erklärten Tarifverträge des Bundesministeriums für Arbeit und Soziales waren zum Stand 01.10.2023 in Deutschland rund 220 für allgemeinverbindlich erklärt.

→ Sonderfall: Haus- oder Unternehmenstarifvertrag

Anstelle eines Arbeitgeberverbandes kann auch ein einzelnes Unternehmen mit der betreffenden Gewerkschaft Tarifverträge vereinbaren (Beispiel: Volkswagen-Konzern mit der IG Metall). Ob der Inhalt dieser Tarifverträge dann auf das einzelne Arbeitsverhältnis Anwendung findet, hängt – wie beim „normalen“ Verbandstarifvertrag auch – davon ab, ob die betreffende Arbeitnehmerin bzw. der Arbeitnehmer Mitglied der Gewerkschaft ist oder aber die Anwendung des Tarifvertrages im Arbeitsvertrag vereinbart worden ist.

2.3 Betriebsvereinbarungen

In Betrieben, für die ein Betriebsrat gewählt ist, können einige wesentliche Sachverhalte nicht einseitig vom Arbeitgeber geregelt werden. Gemäß dem Betriebsverfassungsgesetz unterliegen sie der Mitbestimmung der Arbeitnehmervertretung, d. h. die Betriebsparteien (Arbeitgeber und Betriebsrat) schließen darüber Betriebsvereinbarungen ab. Regelungsgegenstände solcher Vereinbarungen sind beispielsweise

- Lage und Verteilung der Arbeitszeit,
- Aufstellung von Entlohnungsgrundsätzen,
- Fragen der Ordnung des Betriebes.

Zusätzlich zu diesen mitbestimmungspflichtigen Vereinbarungen können Arbeitgeber und Betriebsrat im Rahmen sogenannter „freiwilliger Betriebsvereinbarungen" nahezu alle sonstigen Gegenstände, die für die Beschäftigungsverhältnisse relevant sind, einvernehmlich regeln.

Zum Verhältnis zwischen Tarifvertrag und Betriebsvereinbarung gibt es allerdings noch eine wichtige gesetzliche Festlegung: Grundsätzlich können Betriebsvereinbarungen nur über Gegenstände abgeschlossen werden, die üblicherweise nicht durch einschlägige Tarifverträge geregelt werden (sog. Tarifvorbehalt). Das gilt zumindest im Bereich freiwilliger Betriebsvereinbarungen sogar für Betriebe von Unternehmen, die selbst nicht tarifgebunden sind. Entsprechende Regelungen in einer Betriebsvereinbarung entfalten deshalb keine Wirksamkeit (Ausnahmen gibt es auch hier, z. B. wenn der Tarifvertrag ausdrücklich in einer Öffnungsklausel solche Betriebsvereinbarungen erlaubt).[4]

2.4 Arbeitsvertrag

Vor der Ausarbeitung eines konkreten Vertragsmusters ist auf jeden Fall zu prüfen, welche Sachverhalte für das betreffende Arbeitsverhältnis bereits in einer der anderen Ebenen angesprochen oder abschließend geregelt sind. Erst im Anschluss daran kann festgelegt werden, welche Themen als originäre Regelung in den Arbeitsvertrag selbst aufgenommen werden sollten (s. auch Hinweise unter Ziffer 5 dieses Abschnitts)!

4 Von der Darstellung weitergehender Einzelheiten zum Verhältnis zwischen § 87 Absatz 1 BetrVG und § 77 Absatz 3 BetrVG wird vorliegend abgesehen.

2.5 Neuere Entwicklungen in der Rechtsprechung: die „stillschweigend" vereinbarte Öffnungsklausel (Entzug von Individualrechten durch das Kollektiv „Betriebsrat")

Seit dem Jahr 2013 gibt es in der Rechtsprechung einiger Senate des Bundesarbeitsgerichts die Tendenz, eine verschlechternde Ablösung von Regelungen des Arbeitsvertrags – ohne das Vorhandensein einer entsprechenden arbeitsvertraglichen Öffnungsklausel – auch gegen den Willen der Arbeitnehmerin bzw. des Arbeitnehmers zuzulassen, und zwar durch eine Betriebsvereinbarung.

Voraussetzung für eine solche Ablösungsmöglichkeit ohne bestehende Öffnungsklausel im Arbeitsvertrag soll sein, dass es sich bei dem betreffenden Arbeitsvertrag um einen vom Arbeitgeber vorgegebenen Standardvertrag handelt (vergleichbar allgemeinen Geschäftsbedingungen), und dass die abzulösende Vertragsklausel einen kollektiven Bezug habe. Die Richter begründen ihre Position damit, dass in einem solchen Fall ein Arbeitnehmer von vornherein damit rechnen müsse, der Arbeitgeber wolle in der Lage sein, diese Regelung durch eine Betriebsvereinbarung auch verschlechtern zu können. Die Parteien des Arbeitsvertrages hätten deshalb in diesem Fall stillschweigend mit vereinbart, dass eine verschlechternde Ablösung möglich sein soll („konkludente Öffnungsklausel").[5]

Sowohl die Begründung als auch das Ergebnis dieser Rechtsprechung zur stillschweigend vereinbarten Öffnungsklausel werden nach wie vor äußerst kontrovers diskutiert. Im Ergebnis hat das BAG durch diese Fiktion jedenfalls die Rechtsposition des einzelnen Arbeitnehmers in diesen Fällen eingeschränkt und gleichzeitig die Regelungsbefugnis des Kollektivs „Betriebsrat" – auch gegen den Willen einzelner Mitarbeiterinnen und Mitarbeiter – entsprechend erweitert.

---

5 Der Verfasser war viele Jahre in der chemischen- und Metallindustrie tätig und hat als Unternehmensvertreter Muster für Arbeitsverträge entworfen sowie zahlreiche Verträge ausgestellt und unterzeichnet. Die Erfahrungen aus seiner praktischen Arbeit widersprechen dem, was das BAG für seine Herleitung einer stillschweigenden Öffnungsklausel unterstellt. Es trifft nicht zu, dass die Arbeitgeberseite im Regelfall beim Abschluss von Arbeitsverträgen generell „in der Lage sein" wollte, verbindliche Zusagen in diesen Arbeitsverträgen durch Betriebsvereinbarung verschlechtern zu können. Und falls doch, wurde dies ehrlicherweise ausdrücklich im Wege einer Öffnungsklausel in den Arbeitsvertrag aufgenommen und nicht etwa den neuen Mitarbeiterinnen und Mitarbeitern „stillschweigend" untergeschoben.

3. Verschiedene Branchen, unterschiedliche Betriebsgrößen

Bei der Gestaltung von Arbeitsverträgen kann auch zu beachten sein, in welcher Branche das Unternehmen tätig ist. So dürften sich Hinweise auf Geheimhaltungsinteressen typischerweise in Vertragsmustern von Banken häufiger finden als in Bereichen, wo dieser Aspekt weniger relevant ist.

Auch die Betriebs- oder Unternehmensgröße kann eine Rolle bei der Ausarbeitung eines optimalen Textes für einen Arbeitsvertrag spielen. Und schließlich kann sogar eine spezielle Unternehmenssituation besondere Anforderungen an die Formulierungen der Arbeitsverträge stellen.

Auf all diese Besonderheiten kann nachfolgend vor dem Hintergrund des zur Verfügung stehenden Rahmens nicht näher eingegangen werden. Die dargestellten Vertragsmuster sind diesbezüglich „neutral“ und gegebenenfalls auf die jeweilige Situation anzupassen.

4. Unterschiedliche Verträge für verschiedene Mitarbeitergruppen

Im Folgenden werden Arbeitsverträge für verschiedene Gruppen von Arbeitnehmern erörtert, ausgehend von der Frage, ob neben dem Arbeitsvertrag typischerweise auch Tarifverträge und/oder Betriebsvereinbarungen auf das Arbeitsverhältnis Anwendung finden. Von folgender Einteilung wird dabei ausgegangen:

- „reguläre“ Arbeitnehmerinnen und Arbeitnehmer (früher: Arbeiter und Angestellte),
- außertarifliche Angestellte und
- leitende Angestellte.

4.1 Reguläre Arbeitnehmerinnen und Arbeitnehmer (früher: Arbeiter und Angestellte)

Die Unterscheidung Arbeiter/Angestellte ist historisch bedingt und hat mittlerweile ihre Bedeutung verloren. Früher unterschiedliche Regelungen bezüglich der Zahlungsmodalitäten beim Entgelt, der Entgeltfortzahlung im Krankheitsfall oder von Kündigungsfristen sind längst vereinheitlicht.

In der vorliegenden Darstellung finden sich keine unterschiedlichen Verträge mehr für Arbeiter und Angestellte, sondern gemeinsame Muster für die Gruppe der „regulären“ Mitarbeiterinnen und Mitarbeiter, die nicht leitende Angestellte sind.

4.2 Leitende Angestellte

Leitende Angestellte sind Mitarbeiterinnen und Mitarbeiter, die wesentliche Arbeitgeberfunktionen ausüben, ohne selbst Mitglied von Vorstand oder Geschäftsführung zu sein (z. B. Prokuristen, Werk-, Produktions- oder Personalleiter). Arbeitnehmerschutzgesetze gelten für diese Personengruppe nicht oder nur eingeschränkt, Betriebsvereinbarungen – sofern nicht ausdrücklich anders vereinbart – gar nicht.

Die für die hier vorgenommene Differenzierung[6] maßgebliche gesetzliche Definition der leitenden Angestellten findet sich in § 5 Absätze 3 und 4 des Betriebsverfassungsgesetzes. Danach ist der Kreis der leitenden Angestellten eher enger zu fassen als dies in der betrieblichen Praxis der Fall ist. Nicht selten wird der Status „Leitender Angestellter" auch aus personalpolitischen Gründen vergeben, was aus den oben genannten Gründen (eingeschränkte Geltung von Schutzgesetzen, keine Geltung von Betriebsvereinbarungen) zu Unklarheiten hinsichtlich der Rechtslage führen kann, denn: Entscheidend ist nicht die Benennung als leitender Angestellter im Arbeitsvertrag, sondern allein die Frage, ob die zugrunde liegende Tätigkeit der gesetzlichen Definition im § 5 des Betriebsverfassungsgesetzes entspricht.

4.3 Außertarifliche Angestellte (nur für Betriebe mit tariflich geregelten Arbeitsverhältnissen)

Für Betriebe, in denen die Arbeitsverhältnisse tariflich geregelt sind, gibt es noch eine Mitarbeitergruppe zwischen den nicht leitenden und den leitenden Mitarbeitern: die sogenannten „außertariflichen Angestellten".

Außertarifliche (AT-) Angestellte sind Mitarbeiterinnen und Mitarbeiter, die Funktionen ausüben, deren Anforderungen über denen der obersten Tarifgruppe liegen.[7] Auf die Arbeitsverhältnisse dieses Personenkreises finden die Bestimmungen der Tarifverträge (z. B. Dauer der durchschnittlichen wöchentlichen Arbeitszeit) keine Anwendung.

4.4 Keine weitere Typisierung bzw. Unterscheidung

Für die nachfolgende Darstellung erfolgt keine weiter gehende Typisierung von Mitarbeitergruppen, obwohl in der betrieblichen Praxis möglicherweise an der einen oder anderen Stelle weitere Differenzierungen vorgenommen

6 Eine hiervon abweichende Definition der leitenden Angestellten findet sich beispielsweise im Rahmen der Anwendung des Kündigungsschutzgesetzes.

7 S. hierzu auch Vorbemerkung zum Vertragsmuster Nr. 6 für außertarifliche Mitarbeiterinnen und Mitarbeiter.

werden. Häufig findet sich in Unternehmen ohne Tarifbindung eine Ebene von „Führungskräften“ mit anderen Vertragsbedingungen als „normale“ Mitarbeiterinnen und Mitarbeiter, ohne dass dieser Personenkreis zu den leitenden Angestellten gehört. Rechtlich gesehen ist dies jedoch kein neuer Status (Betriebsvereinbarungen und Schutzgesetze gelten weiterhin); es sind lediglich einzelne Vertragsbestimmungen zugunsten dieser Mitarbeiterinnen und Mitarbeiter modifiziert worden (z. B. längere Kündigungsfristen und zusätzliche Leistungen).

Schematische Darstellung der verschiedenen Mitarbeitergruppen nach dem hier vorliegenden Verständnis siehe nachstehende Abbildung:

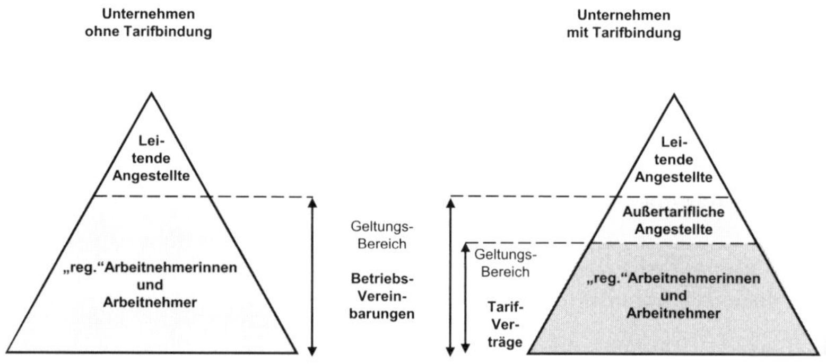

Anmerkung:
Schematische Darstellung, spiegelt die tatsächliche Bedeutung der Tarifverträge und die Anzahl der Mitarbeiterinnen und Mitarbeiter in den Gruppen nicht maßstabsgetreu wieder. Schema dient ausschließlich der Veranschaulichung der unterschiedlichen Gruppen und der jeweiligen Geltung von kollektiven Regelungen.

5. „Deklaratorisch“ oder „konstitutiv“: Arbeitsvertrag auch als Informationsunterlage für Mitarbeiterinnen und Mitarbeiter

Der schriftliche Arbeitsvertrag hat unter anderem den Zweck, dass die Parteien die wesentlichen Bedingungen der Zusammenarbeit rechtssicher dokumentieren, um gegebenenfalls im Streitfall darauf zurückgreifen zu können.

Daneben kann es aber aus personalpolitischen und praktischen Gründen auch hilfreich sein, wenn im Vertragstext konkrete Informationen enthalten sind, die sich an die Mitarbeiterinnen und Mitarbeiter richten.

Die Vertragsklausel

„Die Anzeigepflicht des Mitarbeiters im Falle von Arbeitsunfähigkeit richtet sich nach dem Entgeltfortzahlungsgesetz in seiner jeweils gültigen Fassung.“

mag dem eingangs geschilderten Dokumentationszweck genügen. Der Inhalt der gesetzlichen Bestimmungen dürfte jedoch nicht allen potenziellen Mitarbeiterinnen und Mitarbeitern bekannt sein.

Folgende abgestufte Vorgehensweise für die Vertragsgestaltung ist hier denkbar:

5.1 Lediglich abstrakter Verweis auf eine anderweitige Regelung (z. B. Gesetz)

Die oben dargestellte Klausel ist ein Beispiel hierfür. Der Nachteil dieser Vorgehensweise ist, dass die Mitarbeiterinnen und Mitarbeiter häufig weitergehende Informationen benötigen, wollen sie sich korrekt verhalten. Ein Vertragstext mit fünf oder sechs solcher Verweisungen würde unter Umständen hohe Anforderungen an Nicht-Juristen stellen und könnte im Einzelfall eher abschreckend wirken.

5.2 Konkrete Darstellung der Regelung nur zu Informationszwecken: „deklaratorische" Klausel

Wird im Arbeitsvertrag nur beschrieben, wie ein Sachverhalt an anderer Stelle geregelt ist (z. B. in einem Gesetz), so spricht man von einer deklaratorischen Klausel. Hierbei ist darauf zu achten, dass durch die gewählte Formulierung die bloße Informationsabsicht erkennbar wird und die andere Vertragspartei nicht etwa davon ausgehen kann/muss, dass es sich im Arbeitsvertrag um eine rechtlich eigenständige Regelung handelt.

Stellen Sie sich vor, der Bundestag würde beschließen, dass die Entgeltfortzahlung im Krankheitsfall in den ersten sechs Wochen einer Arbeitsunfähigkeit nicht mehr 100 % betragen soll, sondern nur noch 80 %. Im Arbeitsvertrag selbst steht – auf der Basis der Gesetzeslage bei Vertragsabschluss –, dass die Bezüge für bis zu sechs Wochen zu 100 % fortgezahlt werden. „Das gibt es gar nicht“ mag der erste Gedanke sein, der bei dieser Fragestellung in den Sinn kommt. Aber genau das ist 1996 geschehen. In vielen Arbeitsverträgen, Betriebsvereinbarungen oder Tarifverträgen war zu diesem Zeitpunkt – mit oder ohne Hinweis auf das Gesetz – ausgeführt, dass die Mitarbeiterinnen und Mitarbeiter im Krankheitsfall für bis zu sechs Wochen ihr Entgelt fortbezahlt bekommen. Zahlreiche Publikationen haben sich daraufhin mit der Frage auseinandergesetzt, wie die einzelnen Bestimmungen auszulegen sind: als rechtlich eigenständige Regelung der 100 % oder lediglich als deklaratorische Klausel, um die Mitarbeiterinnen und Mitarbeiter über ihren gesetzlichen Anspruch zu informieren. Zu langwierigen gerichtlichen Auseinandersetzungen ist es in diesen Fragen allerdings nicht gekommen: Die Gesetzesänderung zur Absenkung auf 80 % wurde kurz nach ihrer Einführung wieder zurückgenommen und die gesetzliche Entgeltfortzahlung im Krankheitsfall wurde wieder auf 100 % festgelegt.

5.3 Schaffung einer eigenständigen Regelung: „konstitutive" Klausel

Schließlich kann eine Vertragsbestimmung so gestaltet werden, dass dadurch – neben Gesetz, Tarifvertrag oder Betriebsvereinbarung – eine eigenständige Regelung bzw. ein Anspruch begründet werden soll. Hierbei ist jedoch zu beachten: Die Möglichkeit für die Vertragsparteien, **einseitig** auf Gesetzesänderungen zu reagieren, ist nicht mehr gegeben. Vielmehr bedarf es dafür im Regelfall einer **einvernehmlichen Vertragsänderung.**[8]

Für die betreffenden Mitarbeiterinnen und Mitarbeiter ist diese vertragliche Bindung weniger ein Problem. Sie können sich auf eventuelle gesetzliche Verbesserungen häufig aufgrund des Rangprinzips und des Günstigkeitsprinzips berufen (s. Ausführungen oben, Ziffer 2) und benötigen im Ergebnis gar keine Vertragsänderung.

Anders ist die Situation aus der Sicht der Arbeitgeberseite. Ist eine einvernehmliche Vertragsänderung nicht zu erreichen, sind gesetzliche Modifizierungen zum Vorteil der Arbeitgeberseite häufig nicht durchsetzbar – ebenfalls aufgrund des bereits vielzitierten Günstigkeitsprinzips (da der unveränderte Arbeitsvertrag eine für die Mitarbeiter günstigere Regelung enthält). Seit der Entscheidung des Bundesarbeitsgerichts im Jahr 2013 bietet hier allerdings die bereits unter Ziffer 2.5 beschriebene Theorie von der stillschweigend vereinbarten Öffnungsklausel unter Umständen die Möglichkeit, bestimmte arbeitsvertragliche Ansprüche durch eine Betriebsvereinbarung auch gegen den Willen betroffener Mitarbeiterinnen und Mitarbeiter abzulösen.

6. Weniger ist oft mehr: keine „geltungserhaltende Reduktion"

An dieser Stelle soll noch eine weitere Besonderheit angesprochen werden, die bei der Vertragsgestaltung seit der Schuldrechtsreform 2002 zu berücksichtigen ist. Nach der davor vorherrschenden Praxis wurden zu weitgehende Vertragsklauseln häufig von den Gerichten „angepasst" (sogenannte „geltungserhaltende Reduktion").

8 Von der theoretischen Möglichkeit einer Änderungskündigung wird hier abgesehen.

Beispiel Die Parteien des Arbeitsvertrages vereinbaren, dass der Mitarbeiter die jährliche Gratifikation (z. B. „Weihnachtsgeld") in Höhe eines Monatsgehalts zurückzuzahlen hat, wenn er innerhalb der ersten neun Monate des Folgejahres aus dem Unternehmen ausscheidet. Eine solche Rückzahlungsverpflichtung ist im vorliegenden Beispiel allerdings nur wirksam für den Fall, dass der Austritt aus dem Unternehmen innerhalb der ersten drei Monate des Folgejahres erfolgt. Die Arbeitsgerichte haben auf der Basis der Rechtslage bis Ende 2001 die Rückzahlungsvereinbarung gleichwohl nicht insgesamt für unwirksam erklärt: Im Wege der geltungserhaltenden Reduktion wurden die neun Monate auf drei reduziert; im Übrigen blieb die Regelung voll wirksam.

Dies hat sich vor dem Hintergrund der seit 2002 neu geltenden Rechtslage und der im Nachgang dazu entwickelten Rechtsprechung geändert. Das Bundesarbeitsgericht hat zwischenzeitlich klargestellt: Wer vorformulierte Musterverträge verwendet, muss das Risiko tragen, ob die einzelnen Klauseln wirksam sind oder nicht. Die Arbeitnehmerinnen und Arbeitnehmer sollen so davor geschützt werden, mit überzogenen Klauseln konfrontiert zu werden und den Umfang ihrer vertraglichen Rechte und Pflichten – wenn überhaupt – letztendlich erst in einem Gerichtsverfahren zu erfahren. Eine zu weitgehend gefasste Vertragsklausel ist deshalb vollständig unwirksam! Hiervon gibt es nur wenige gesetzlich begründete Ausnahmen (eine Ausnahme ergibt sich beispielsweise bei der Festlegung des räumlichen oder sachlichen Geltungsbereiches eines nachvertraglichen Wettbewerbsverbots, s. Ausführungen dort).

Anders als vor dem Jahr 2002 wird man aus Arbeitgebersicht deshalb bei der Gestaltung einiger vertraglicher Regelungen möglicherweise nicht darum herumkommen, einen gewissen „Sicherheitsabstand" einzuhalten. Dies gilt insbesondere dort, wo zu unbestimmten Rechtsbegriffen oder einem vorhandenen Beurteilungsspielraum noch keine höchstrichterliche Konkretisierung vorliegt.

7. Neuere Entwicklungen im Arbeitsleben

7.1 Räumliche und zeitliche Flexibilisierung der Arbeitsleistung

→ Zitat aus der fünften Auflage 2013: „Ständige Erreichbarkeit"

„Die Anforderungen im Arbeitsleben haben sich in den letzten Jahren in einigen Bereichen sehr stark gewandelt. Die zunehmende Globalisierung sowohl der Kunden- und Lieferantenbeziehungen, als auch der Arbeitsteilung innerhalb der Unternehmen führt zu immer kürzer werdenden Reaktionszeiten, auch über unterschiedliche Zeitzonen hinweg. Dies wird begleitet von einem rasanten Fortschritt bei den Kommunikations-

möglichkeiten und IT-Systemen mit der Folge, dass Mitarbeiterinnen und Mitarbeiter im Prinzip jederzeit erreichbar sind und Zugriff auf arbeitsnotwendige Informationen haben.

Für Arbeitnehmer kann es auf der anderen Seite durchaus attraktiv sein, die Arbeit zeitlich flexibel und zumindest teilweise auch von zu Hause (oder unterwegs) mittels Computer, der ins Unternehmensnetzwerk eingeloggt ist, und per Mobiltelefon zu erledigen. Die Grenze zwischen Arbeitszeit und Privatzeit wird in diesen Fällen zunehmend fließend.“

→ Folgen der Corona-Pandemie: Homeoffice

Im Jahr 2020 wurden die angesprochenen räumlichen und zeitlichen Flexibilisierungsaspekte der Erwerbsarbeit überraschend überlagert von einer anderen Entwicklung. Das Auftreten des Coronavirus machte es notwendig, persönliche Kontakte soweit wie möglich zu reduzieren. Viele Betriebe ordneten vermehrt an, dass dort, wo es möglich ist, die Mitarbeiterinnen und Mitarbeiter von zu Hause aus arbeiten, Besprechungen und Konferenzen wurden per Telefon- oder Video-Konferenz durchgeführt.

Aus dieser Zeit stammen zahlreiche Homeoffice-Regelungen insbesondere für Bürotätigkeiten, die vorwiegend auf betrieblicher Ebene getroffen und arbeitsrechtlich ergänzt worden waren. Zwischenzeitlich war auch diskutiert worden, einen gesetzlichen Anspruch auf Homeoffice einzuführen, was jedoch verworfen wurde. In zahlreichen Unternehmen hat sich nach dem Ende der Pandemie für die Mitarbeiterinnen und Mitarbeiter die Möglichkeit etabliert, auch von zu Hause aus zu arbeiten.

→ Derzeitiger Stand der Diskussion zum Thema räumliche und zeitliche Flexibilisierung

Die damit einhergehende Frage einer notwendigen Flexibilisierung der Arbeitszeit (Stichwort z. B.: 11-stündige Ruhepause zwischen zwei Arbeitsschichten) wurde leider nicht gelöst. Konkrete gesetzliche Veränderungen für die Allgemeinheit (z. B. im Arbeitszeitgesetz) haben sich seither nicht ergeben. Auch ist davon auszugehen, dass die Möglichkeit zur Flexibilisierung im Bereich Arbeitszeit in erster Linie auf tariflicher Ebene oder im Rahmen von Betriebsvereinbarungen eingeräumt werden wird. Grund dafür ist die Annahme des Gesetzgebers, dass die Interessen der Mitarbeiterinnen und Mitarbeiter durch die Beteiligung von Gewerkschaften und Betriebsräten am ehesten gewahrt werden können. Ob und ggfs. ab welchem Zeitpunkt eine Erweiterung der Flexibilität durch eigenständige Regelungen in Arbeitsverträgen erreicht werden kann, ist derzeit nicht absehbar. Für nicht tarifgebundene Betriebe, in denen auch kein Betriebsrat existiert, gibt es demnach noch keinen Lösungsansatz.

→ Exkurs: Arbeitszeiterfassung

Das Bundesarbeitsgericht hat im September 2022, für viele überraschend, festgestellt, dass es in der Bundesrepublik Deutschland bereits eine Verpflichtung für Arbeitgeber gibt, ein System zur Erfassung der Arbeitszeiten einzurichten (BAG vom 13.09.2023, Az.: 1 ABR 22/21). Im Nachgang dazu wird derzeit ein Gesetzentwurf diskutiert, um Einzelheiten festzulegen. Es ist davon auszugehen, dass Arbeitgeber zukünftig Beginn, Ende und Dauer der täglichen Arbeitszeit erfassen müssen, ebenso die Lage der Pausen. Offen ist noch, in welcher Form die Erfassung erfolgen muss, ob die Erfassung an Mitarbeiterinnen und Mitarbeiter delegiert werden kann und in welcher Art und Weise die sogenannte „Vertrauensarbeitszeit“ ohne einen entsprechenden Nachweis der geleisteten Arbeitszeit fortgesetzt werden kann (Stichwort „Opt-Out-Option“, wonach Arbeitnehmerinnen und Arbeitnehmer auf die Nutzung eines vorhandenen Systems zur Zeiterfassung verzichten können). Je nachdem, was letztlich vom Gesetzgeber verabschiedet werden wird, werden sich bestimmte Anforderungen an die Gestaltung von Arbeitsverträgen ergeben. Für die nunmehr vorliegende 8. Auflage dieses Heftes muss diese Thematik leider noch unberücksichtigt bleiben.

7.2 Das Mindestlohngesetz

Das mit Wirkung vom 01.01.2015 geltende Mindestlohngesetz hat kurz nach seiner Einführung verschiedene Fragen aufgeworfen. Insbesondere die Anrechnungsmöglichkeit verschiedener Zulagen auf den Mindestlohn oder die Umstellung von ehemals jährlichen Sonderzahlungen (z.B. „13. Monatsgehalt“) auf eine anteilige, monatliche Zahlungsweise wurden zum Teil kontrovers diskutiert. Ob und in welchem Umfang die Änderung eines bestehenden Entgeltsystems eines Unternehmens vor diesem Hintergrund möglich ist, lässt sich nur für den jeweiligen Einzelfall nach einer entsprechenden Analyse der Situation feststellen. Eine weitergehende Auseinandersetzung mit Fragen der Entgeltpolitik von Unternehmen im Niedriglohnsektor kann an dieser Stelle nicht erfolgen.

Für die Konzeption neuer Arbeitsverträge jedenfalls gilt: Die Vertragsmuster in diesem Buch berücksichtigen die für die Vertragsgestaltung relevanten zusätzlichen Anforderungen durch das Mindestlohngesetz (insbes. beim Thema Ausschlussfristen).

7.3 Erholungsurlaub

In der Praxis findet sich häufig die Konstellation, dass Arbeitnehmerinnen und Arbeitnehmer zusätzlich zum gesetzlichen Mindesturlaub (bei einer 5-

Tage-Woche 20 Arbeitstage) noch einen weiteren, arbeitsvertraglich begründeten Erholungsurlaub erhalten. Der gesamte Erholungsurlaub im Kalenderjahr beträgt dann beispielsweise insgesamt 30 Arbeitstage (entspricht sechs Wochen).

Bis zur Vorauflage dieses Bandes (7. Auflage 2021) wurde in den Mustertexten der gesetzliche Erholungsurlaub und eventueller vertraglich gewährter zusätzlicher Erholungsurlaub gleich behandelt. Grund dafür war, dass die Aufteilung in einen gesetzlichen Anteil und einen vertraglichen Anteil zu einem gewissen administrativen Mehraufwand führen kann. Bereits in der Vorauflage wurde jedoch auf eine sich abzeichnende Veränderung der Rechtslage vor dem Hintergrund der Rechtsprechung des Europäischen Gerichtshofes hingewiesen und eine alternative Vertragsformulierung vorgestellt, bei der der gesetzliche Urlaubsanspruch anders behandelt wird als der vertraglich begründete (s. seinerzeit bei Ziffer 11 im Vertragsmuster Nr. 2).

Die Situation hat sich mittlerweile aus Sicht der Arbeitgeber noch weiter verschärft. Früher galt die Prämisse: *„Urlaub gibt es <u>im</u> Kalenderjahr, <u>nicht für</u> das Kalenderjahr."* Im Nachgang zu der in der Vorauflage bereits erwähnten Entscheidung des Europäischen Gerichtshofes aus dem Jahr 2018, in der die Mitwirkungsobliegenheit des Arbeitgebers an der vollständigen Urlaubsgewährung im Kalenderjahr statuiert wurde, haben sich weitere Modifizierungen für die Handhabung von Urlaubsansprüchen ergeben: Kommt der Arbeitgeber seiner Obliegenheit, die Mitarbeiterinnen und Mitarbeiter darauf hinzuweisen, wieviel Resturlaub im Jahr noch besteht und dass dieser am Jahresende ggfs. verfallen wird, nicht nach, so tritt weder ein Verfall des Resturlaubes zum 31.03. des Folgejahres ein, noch beginnt die dreijährige Verjährungsfrist zu laufen. Dies hat zu Folge, dass sich Resturlaubsansprüche über sehr viele Jahre kumulieren könnten (theoretisch ohne Begrenzung).

Für Arbeitgeber erschwerend kommt hinzu, dass der Europäische Gerichtshof in einer weiteren Entscheidung – ebenfalls im Jahr 2018 – festgelegt hatte, dass Resturlaubsansprüche von verstorbenen Mitarbeiterinnen und Mitarbeitern nicht erlöschen, sondern von den Erben als finanzielle Vergütung für nicht genommenen Urlaub geltend gemacht werden können. Das Bundesarbeitsgericht musste in seiner daraufhin ergehenden Entscheidung vom 22.01.2019 (Az.: 9 AZR 45/16) ausdrücklich seine bisher gegenteilige Rechtsprechung, wonach Ansprüche auf Urlaubsabgeltung nicht vererbbar sind, aufgegeben.

Vor diesem Hintergrund und daraus resultierenden möglichen finanziellen Risiken wurde für die 8. Auflage nunmehr die zuvor als Alternative angebotene Vertragsformulierung als Standard übernommen (Ausnahme: Muster Nr. 1). Demnach werden der gesetzliche Erholungsurlaub und der arbeitsvertraglich begründete Erholungsurlaub im Unternehmen getrennt erfasst und unterliegen einer unterschiedlichen Behandlung beispielsweise bezüglich des Verfalls oder einer Abgeltung.

7.4 Neufassung des Nachweisgesetzes („NachwG")

Grundsätzlich bedarf ein Arbeitsvertrag keiner besonderen Form, er kann auch mündlich abgeschlossen werden.[9]

Hier kommt das NachwG ins Spiel. Seit 1995 sind demnach Arbeitgeber verpflichtet, ihren neu eintretenden Mitarbeiterinnen und Mitarbeitern wesentliche, im Gesetz aufgeführte Arbeitsbedingungen schriftlich zu bestätigen, sofern kein entsprechender schriftlicher Arbeitsvertrag vorliegt. Dies führt in der Praxis dazu, dass Arbeitsverträge von vornherein meistens schriftlich vereinbart werden und die gemäß Nachweisgesetz notwendigen Angaben enthalten.

Der Katalog der notwendigen Angaben wurde im neuen NachwG, das mit Wirkung vom 01.08.2022 an gilt, modifiziert und erweitert. Völlig neu ist die gesetzliche Vorgabe, über das im Falle einer Kündigung einzuhaltende Verfahren zu informieren. Diese Anforderung wurde für die nachfolgenden Mustertexte in der Weise gelöst, dass hierzu eine Informationsunterlage als Anlage zum Arbeitsvertrag formuliert wurde, die von beiden Vertragsparteien zu unterzeichnen ist.

Trotz zahlreicher Empfehlungen insbesondere aus der betrieblichen Praxis ist die im Nachweisgesetz geforderte Form auch nach der Neufassung 2022 unverändert geblieben. Demnach ist Textform (z. B. E-Mail) nicht ausreichend, vielmehr ist weiterhin Schriftform, d. h. eigenhändige Unterschrift im Original, vorgeschrieben.

7.5 Sonstiges

Zunehmende Bedeutung im betrieblichen Alltag bekommen Fragen zu den Themen „Compliance" (gesetzes- und regelkonformes Verhalten) sowie Informationen oder Meinungen von Mitarbeiterinnen und Mitarbeitern über das Unternehmen, die in Sozialen Medien und dem Internet (z. B. Xing, kununu) verbreitet werden. Sofern dies als notwendig oder sinnvoll erachtet

9 Achtung: demgegenüber ist für die Wirksamkeit einer Kündigung eines Arbeitsverhältnisses oder für die Befristung eines Arbeitsvertrages zwingend Schriftform (d. h. eigenhändige Unterschrift im Original) erforderlich.

wird, können diesbezüglich Erwartungen des Unternehmens an das Verhalten der Mitarbeiterinnen und Mitarbeiter formuliert werden. Bevorzugt geschieht dies jedoch auf betrieblicher Ebene oder auf Unternehmensebene; originäre Regelungen in Arbeitsverträgen, die über die bekannten Geheimhaltungspflichten hinsichtlich Geschäfts- und Betriebsgeheimnissen hinausgehen, sind nicht üblich.

Zum Thema Ausschlussfristen: das Bundesarbeitsgericht hat 2019 entschieden, dass eine ausdrückliche Herausnahme von Ansprüchen aufgrund einer Verletzung von Leben, Körper oder Gesundheit vom Anwendungsbereich von Ausschlussfristen wegen der Besonderheiten im Arbeitsverhältnis, insbesondere dem Vorhandensein der gesetzlichen Unfallversicherung, nicht erforderlich sei (BAG vom 22.10.2019 – Az.: 9 AZR 532/18). Die diesbezügliche Formulierung in den Mustertexten wurde gleichwohl beibehalten.

Und zu guter Letzt: Die Formulierung zur Nachweispflicht einer krankheitsbedingten Arbeitsunfähigkeit für gesetzlich versicherte Mitarbeiterinnen und Mitarbeiter wurde – nach Einführung eines neuen Absatzes 1a in § 5 EntgFG zum 01.01.2023 – entsprechend angepasst.

8. Verwendung „Mitarbeiter", „Mitarbeiterin"

Aus Gründen der besseren Lesbarkeit werden die Bezeichnungen „Mitarbeiterin“ und „Mitarbeiter“ in den nachfolgend aufgeführten Vertragsmustern jeweils abwechselnd verwendet, und zwar durchgehend für einen kompletten Vertragstext. Vertragsmuster 1 beginnt mit der weiblichen Form („Mitarbeiterin“), Vertragsmuster 2 enthält die Bezeichnung „Mitarbeiter“.

Die jeweiligen Vertragsmuster sind bei der Verwendung ggfs. entsprechend sprachlich anzupassen.

Sofern der Vertrag mit Personen abgeschlossen wird, die sich weder mit „Mitarbeiterin“ noch mit „Mitarbeiter“ angesprochen fühlen, kann stattdessen der Vor- und Zuname ohne jeden Artikel eingesetzt werden (Bsp.: anstelle von „Der Mitarbeiter wird für das Unternehmen als ... tätig“ würde der Vertrag lauten „Gerd Schäfer wird für das Unternehmen als ... tätig.“

Teil 2: Vertragsmuster für Arbeitsverhältnisse außerhalb des Geltungsbereichs von Tarifverträgen

Muster Nr. 1: Kurzfassung eines Vertrages in Anlehnung an das Nachweisgesetz – Arbeitsverhältnis ohne Tarifbindung

Vorab: Der Katalog der wesentlichen Arbeitsbedingungen, die aufgrund des Nachweisgesetzes von Arbeitgeberseite gegenüber Mitarbeiterinnen und Mitarbeitern schriftlich nachzuweisen sind, wurde aufgrund der Neufassung des Nachweisgesetzes zum 01.08.2022 wesentlich erweitert. Das nachfolgende Vertragsmuster, das für den „Normalfall" eines Arbeitsverhältnisses verwendet werden kann, trägt dem Rechnung. Für besondere Arbeitsverhältnisse, beispielsweise Arbeit auf Abruf oder Arbeitsverhältnisse mit Auslandseinsätzen, gelten weitergehende Anforderungen, auf die vorliegend nicht eingegangen werden kann. Es wird deshalb empfohlen, den Katalog in § 2 des Nachweisgesetzes vor der Ausfertigung eines Arbeitsvertrags kurz durchzusehen.

Die X-GmbH ... [Name und Anschrift]

– nachfolgend „Unternehmen"

und Frau Y, wohnhaft ... [Name und Anschrift]

– nachfolgend „Mitarbeiterin"

schließen nachfolgenden

ARBEITSVERTRAG

ab:

1. Beginn des Arbeitsverhältnisses, Art und Ort der Tätigkeit

1.1 Die Mitarbeiterin wird für das Unternehmen als .... [Art der Tätigkeit] am Standort .... [Ort des Betriebes] tätig.

[Klausel zu Zuweisung anderer Tätigkeit/Versetzung s. Vertragsmuster Nr. 2, dort Ziffer 2]

1.2 Das Arbeitsverhältnis beginnt am ....

1.3 Die ersten sechs Monate gelten als Probezeit.

[zur möglichen Befristung des Probearbeitsverhältnisses s. Vertragsmuster Nr. 2, dort Ziffer 1.3]

2. Arbeitszeit

2.1 Die Dauer der regelmäßigen wöchentlichen Arbeitszeit beträgt ... Stunden.

2.2 Die regelmäßige wöchentliche Arbeitszeit kann im Rahmen der jeweils geltenden gesetzlichen Ausgleichszeiträume auch ungleich verteilt werden. Die Lage und die Verteilung der Arbeitszeit richten sich nach den jeweils geltenden betrieblichen Regelungen.

2.3 Die Mitarbeiterin erklärt sich bereit, bei Bedarf in gesetzlich zulässigem Umfang Überstunden zu leisten.

[Regelung zu Kurzarbeit s. Vertragsmuster Nr. 2, dort Ziffer 3.4]

3. Monatsentgelt[10]

3.1 Als Vergütung für die Tätigkeit wird ein Monatsentgelt in Höhe von

... € brutto

vereinbart; der sich daraus ergebende Nettobetrag wird am Ende des jeweiligen Monats auf ein anzugebendes Gehaltskonto ausbezahlt.

Auf entsprechende Anweisung hin geleistete Überstunden werden in derselben Höhe wie regelmäßige Arbeitszeit separat vergütet.

[ausführliche Darstellung des Themas Überstundenvergütung mit entsprechenden Formulierungsvorschlägen s. Vertragsmuster 2, dort Ziffer 4]

3.2 [Ggfs. weitere Bestandteile des Monatsentgelts (zeit-/leistungsabhängig)]

4. Zusätzliche Leistungen

→ **Hinweis zu zusätzlichen Einmalzahlungen (Gratifikation, Bonus etc.)**

Sofern das Unternehmen zusätzlich zum Monatsentgelt weitere Vergütungsbestandteile gewährt, sind diese hier aufzuführen. Zunächst ist jedoch zu klären, auf welcher Rechtsgrundlage die Leistung erfolgt bzw. erfolgen soll. Davon hängt letztendlich ab, wie die Formulierung im Arbeitsvertrag ausgestaltet werden kann – nur als Information über eine bestehende anderweitige Regelung oder als eigenständige Grundlage. Im vorliegenden Beispiel soll die zusätzliche Leistung als widerrufliche Sonderzahlung durch den Vertrag selbst geregelt werden. Eventuelle Beteiligungsrechte von Arbeitnehmervertretungen werden an dieser Stelle nicht vertieft.

Im nachfolgenden Mustertext wird eine Gratifikation geregelt, deren Zweck bzw. Anreizfunktion die Belohnung erbrachter und zukünftiger **Betriebstreue** ist. Im Vertragsmuster für ausführliche Arbeitsverträge (Muster Nr. 2) ist ein 13. Monats-

10 Bei Vereinbarung einer Vergütung auf Stundenbasis ist der Text entsprechend anzupassen: „3. Entgelt.
3.1 Die Vergütung für die Tätigkeit beträgt ..., ... Euro brutto je Arbeitsstunde; der sich daraus ergebende Nettobetrag wird am Ende des jeweiligen Monats auf ein anzugebendes Gehaltskonto ausbezahlt.“
Hinweis: Der gesetzliche Mindestlohn pro Stunde beträgt im Jahr 2024 12,41 Euro.

gehalt dargestellt, dessen Zweck ausschließlich **Entgelt für erbrachte Leistungen** im abgelaufenen Jahr ist. Beide Regelungen sind gegeneinander austauschbar.[11]

Ergänzend zum Monatsentgelt erhält die Mitarbeiterin im Kalenderjahr folgende Leistungen:

4.1 Jahresprämie als Weihnachtsgratifikation

Das Unternehmen gewährt den Mitarbeiterinnen und Mitarbeitern, deren Arbeitsverhältnis am 01.11. des betreffenden Kalenderjahres mindestens fünf Monate besteht, eine Gratifikation (Prämie) für bisherige und zukünftige Betriebstreue nach Maßgabe der nachfolgenden Bestimmungen.

4.1.1 Die Höhe der Prämie beträgt brutto ... % (z. B. 100 %) des regelmäßigen Monatsentgelts. Das dafür zugrunde zu legende Monatsentgelt ergibt sich aus dem Durchschnitt der im Kalenderjahr bis Oktober abgerechneten regelmäßigen Monatsentgelte.

4.1.2 Die Prämie kommt gleichzeitig mit den Bezügen für den Monat November zur Auszahlung.

4.1.3 Die Prämie wird nur gezahlt, wenn das Arbeitsverhältnis zum Zeitpunkt der Auszahlung nicht gekündigt ist. Endet das Arbeitsverhältnis mit Ablauf des 31.03. des Folgejahres oder früher, ist eine bereits ausgezahlte Prämie zurückzuzahlen[12]. Dies gilt nur, sofern die Prämie den Betrag von 100 € übersteigt.

Der Ausschluss der Zahlung bzw. die Rückzahlungsverpflichtung finden keine Anwendung im Falle einer Kündigung aufgrund dringender betrieblicher Erforder-

---

11 Bei der hier dargestellten zusätzlichen Leistung handelt es sich um die verbindliche Zusage eines „13. Monatsgehalts“, versehen mit einem Widerrufsvorbehalt aus wirtschaftlichen Gründen. Es kann an dieser Stelle nicht ausgeschlossen werden, dass sich weitergehende Anforderungen an die Transparenz solcher Vorbehalte ergeben im Zuge einer Weiterentwicklung der BAG-Rechtsprechung (z. B. konkrete Hinweise auf den Umfang des erforderlichen Umsatz- oder Ergebnisrückgangs). Ob der Widerrufsvorbehalt in dieser Form ausreicht, kann deshalb nicht garantiert werden; ggfs. sind bei der konkreten Ausgestaltung des Vertrages ergänzende Prüfungen zur jeweils aktuellsten Rechtsprechung vorzunehmen. Die vorliegende Regelung ist streng von einer freiwilligen Leistung des Unternehmens zu trennen, wie beispielsweise die Sonderzahlungen einiger Automobilhersteller zum Jahresende aufgrund eines besonders positiv verlaufenen Geschäftsjahres. Solche Sachverhalte werden üblicherweise nicht arbeitsvertraglich geregelt.

12 A) Die Höhe der Prämie ist in diesem Beispiel 100 % eines Monatsentgelts. In diesem Fall kann vereinbart werden, dass die Mitarbeiterin mindestens über den 31.03. des Folgejahres hinaus beim Unternehmen bleiben soll. Das bedeutet, dass erst der nächste auf den 31.03. folgende Kündigungstermin (d. h. Ende der Kündigungsfrist frühestens am 01.04.) wahrgenommen werden kann, ohne die Prämie wieder zurückzahlen zu müssen. „100 % eines Monatsgehalts“ bedeutet nach der Rechtsprechung des BAG in diesem Zusammenhang 100 % im Vergleich zum Monatsentgelt zum Zeitpunkt der Auszahlung der Prämie (hier im Beispiel Monat November).
B) Beträgt die Prämie weniger als ein Monatsentgelt (aber mindestens 100 Euro), kann die

nisse oder einer von der Mitarbeiterin nicht zu vertretenden personenbedingten Kündigung. Erfolgt die Beendigung des Arbeitsverhältnisses durch Aufhebungsvertrag, gelten diese Grundsätze sinngemäß, wenn im Aufhebungsvertrag hierzu keine gesonderte Regelung getroffen wird.

4.1.4 Im Eintrittsjahr verringert sich die Prämie um 1/12 für jeden vollen Kalendermonat, in dem das Arbeitsverhältnis noch nicht bestanden hat.

4.1.5 Vorbehalt des Widerrufs:

Die Zusage der Jahresprämie für Betriebstreue kann vom Unternehmen aus wirtschaftlichen Gründen spätestens zum 31.12. eines Jahres mit Wirkung ab dem darauffolgenden Jahr an widerrufen werden.[13] Als wirtschaftliche Gründe für einen Widerruf kommen insbesondere in Betracht die Sicherstellung der Wettbewerbsfähigkeit des Unternehmens oder die Vermeidung eines zu erwartenden negativen Jahresergebnisses im Folgejahr.

4.2 [Weitere Beispiele für Zusatzleistungen sind zusätzliche Urlaubsvergütung, vermögenswirksame Leistungen, ...]

5. Erholungsurlaub

5.1 Das Unternehmen gewährt einen jährlichen Erholungsurlaub von ...[14] Arbeitstagen je Kalenderjahr.

5.2 Der volle Urlaubsanspruch wird entsprechend der Regelung im Bundesurlaubsgesetz erstmals nach sechsmonatigem Bestehen des Arbeitsverhältnisses erworben. Der Anspruch auf Teilurlaub im Eintritts- und Austrittsjahr richtet sich ebenfalls nach

---

[Fortsetzung Fußnote 12]
Rückzahlungsverpflichtung nur für den Fall eines Ausscheidens bis zum **30.03.** vereinbart werden. D. h. eine Kündigung mit Wirkung zum **31.03.** verpflichtet nicht zur Rückzahlung. Die Ziffer 4.1.3 erster Absatz ist in diesem Fall wie folgt zu formulieren:
„Die Prämie wird nur gezahlt, wenn das Arbeitsverhältnis zum Zeitpunkt der Auszahlung nicht gekündigt ist. Endet das Arbeitsverhältnis vor dem 31.03. des Folgejahres, ist eine bereits ausgezahlte Prämie zurückzuzahlen. Dies gilt nur, sofern die Prämie den Betrag von 100 Euro übersteigt."

13 S. auch oben Fußnote 10.

14 Standard in den meisten Branchen sind mittlerweile 30 Arbeitstage für den Regelfall einer Verteilung der Wochenarbeitszeit auf fünf Wochentage (z. B. Montag bis Freitag). Bei einer hiervon abweichenden Arbeitszeit wäre die Zahl der Urlaubstage entsprechend anzupassen (bei einer 4-Tage-Woche beispielsweise würde der jährliche Erholungsurlaub 24 Arbeitstage betragen).
Hinweis: Der gesetzliche Mindesturlaub beträgt 24 Werktage (Montag bis Samstag), d. h. vier Wochen.
Zu der Möglichkeit einer abweichenden Regelung für Urlaubsansprüche, die über den gesetzlichen Mindesturlaub hinausgehen, s. ausführliches Vertragsmuster Nummer 2, dort Hinweis zur Urlaubsregelung in Ziffer 11.

diesen gesetzlichen Bestimmungen in ihrer jeweils gültigen Fassung. Dies gilt auch für den über dem gesetzlichen Mindesturlaub gewährten Erholungsurlaub.

Auch die übrigen Modalitäten (zeitliche Festlegung, Übertragung von Resturlaub ins Folgejahr etc.) richten sich grundsätzlich nach dem Bundesurlaubsgesetz in seiner jeweils gültigen Fassung.

[Musterformulierung für eine getrennte Behandlung von gesetzlichem Mindesturlaub und vertraglichem Zusatzurlaub s. Vertragsmuster 2, dort Ziffer 11; zum Thema allgemein s. Teil 1 „Generelle Überlegungen und Ausgangssituation", dort Ziffer 7.3]

6. Vertragsdauer, Beendigung

6.1 Das Arbeitsverhältnis endet, ohne dass es einer Kündigung bedarf, mit Ablauf des Monats, in dem die Mitarbeiterin die Regelaltersgrenze in der gesetzlichen Rentenversicherung erreicht.

6.2 Ordentliche Kündigung

Während der Probezeit kann das Arbeitsverhältnis beiderseits mit einer Frist von zwei Wochen gekündigt werden. Vor Beginn der vereinbarten Arbeitsaufnahme ist eine Kündigung ausgeschlossen.

Nach Ablauf der Probezeit kann das Arbeitsverhältnis beiderseits mit einer Frist von vier Wochen zum Fünfzehnten oder zum Ende eines Kalendermonats gekündigt werden. Gesetzliche Verlängerungen der Kündigungsfrist aufgrund zunehmender Unternehmenszugehörigkeit gelten beiderseitig; § 15 Abs. 4 TzBfG bleibt hiervon unberührt.[15]

7. Information durch das Unternehmen: keine Geltung von Tarifverträgen

Das Unternehmen setzt die Mitarbeiterin hiermit davon in Kenntnis, dass das Arbeitsverhältnis zum Zeitpunkt des Abschlusses dieses Vertrages keinen tariflichen Regelungen unterliegt.

8. Ergänzende Information: Geltung von Betriebsvereinbarungen

Auf das Arbeitsverhältnis finden die für den jeweiligen Beschäftigungsbetrieb geltenden Betriebsvereinbarungen in ihrer jeweils gültigen Fassung Anwendung.

→ Vorab-Hinweis zum Regelungskomplex in den Ziffern 9 und 10

Die nachfolgenden zwei Ziffern haben hauptsächlich die folgenden Funktionen:

a) Eine Flexibilisierung der getroffenen vertraglichen Vereinbarungen für den Fall, dass nach Abschluss des Arbeitsvertrages eine Änderung bezüglich

15 § 15 Absatz 4 TzBfG gewährt Arbeitnehmerinnen und Arbeitnehmern nach der Lesart der herrschenden Meinung – auch bei einem auf unbestimmte Zeit abgeschlossenen Arbeitsverhältnis – ein Sonderkündigungsrecht (ordentliche Kündigung) ab Beginn des sechsten Jahres des Arbeitsverhältnisses. Die Kündigungsfrist beträgt dabei sechs Monate und ist kürzer als beispielsweise die gesetzliche Kündigungsfrist für Arbeitgeber, wenn das Arbeitsverhältnis 20 Jahre und länger bestanden hat (§ 622 Absatz 2 BGB).

der Tarifbindung eintritt oder Betriebsvereinbarungen geändert oder neu abgeschlossen werden;

b) Eine Regelung für den Fall, dass nach einer eingetretenen Tarifbindung eine weitere Änderung der Tarifsituation eintritt, beispielsweise durch einen Verbandsaustritt des Arbeitgebers oder im Wege eines Betriebsübergangs.

Rechtlich komplexere Konstellationen mit unterschiedlichen Tarifbindungen innerhalb eines Unternehmens werden durch die gewählten Formulierungen nicht abgebildet und bedürfen einer weitergehenden Analyse im Einzelfall.

Für viele Verträge wird die Fragestellung einer geänderten Tarifbindung wahrscheinlich über die gesamte Laufzeit des Arbeitsverhältnisses nicht relevant werden. Anders hingegen die Situation bei geänderten oder neuen Betriebsvereinbarungen – entsprechende Anpassungen und Modifizierungen sind an der Tagesordnung. Sofern tarifliche Veränderungen für das Arbeitsverhältnis mit Sicherheit ausgeschlossen werden können, kann der Arbeitsvertrag ohne diejenigen Textelemente konzipiert werden, die einen Tarifwechsel ermöglichen sollen.

9. Öffnungsklausel

9.1 Für den Fall, dass nach Abschluss dieses Vertrages eine Tarifbindung des Unternehmens in einem einschlägigen Tarifbereich eintritt, wird die Geltung des betreffenden Tarifvertrages in der jeweils gültigen Fassung für das vorliegende Arbeitsverhältnis vereinbart (Gleichstellungsabrede).

Die betreffenden tariflichen Regelungen haben Vorrang gegenüber individualrechtlichen Regelungen; dies gilt auch, wenn die individualrechtliche Regelung für die Mitarbeiterin günstiger wäre.

9.2 Bezüglich Betriebsvereinbarungen oder Teilen von Betriebsvereinbarungen, die nach Abschluss dieses Vertrages abgeschlossen oder abgeändert werden, wird Folgendes vereinbart:

9.2.1 Für das Arbeitsverhältnis geltende Betriebsvereinbarungen haben Vorrang gegenüber individualrechtlichen Regelungen; dies gilt auch, wenn die individualrechtliche Regelung für die Mitarbeiterin günstiger wäre.

9.2.2 Information durch das Unternehmen: auf Gegenstände, die üblicherweise nicht durch Betriebsvereinbarung geregelt werden können (z. B. die Höhe der monatlichen Grundvergütung, die Dauer der regelmäßigen wöchentlichen Arbeitszeit oder Art und Ort der Tätigkeit) findet Ziffer 9.2.1 keine Anwendung.[16]

16 Die Herausnahme monatlicher Grundvergütung, regelmäßiger wöchentlicher Arbeitszeit oder Art und Ort der Tätigkeit aus der Öffnungsklausel für Betriebsvereinbarungen ist lediglich eine Klarstellung. Über diese Gegenstände können Betriebsvereinbarungen im Regelfall nicht abgeschlossen werden.

9.3 Ziffer 9.2 gilt auch im Falle eines Wechsels des Beschäftigungsbetriebes mit der Maßgabe, dass die für den neuen Beschäftigungsbetrieb geltenden Betriebsvereinbarungen Vorrang gegenüber individualrechtlichen Regelungen haben.

10. Wechsel oder Beendigung einer eventuellen Tarifbindung/Betriebsübergang

Die nachfolgenden Vereinbarungen in den Ziffern 10.1 bis 10.3 gelten für den Fall, dass nach Abschluss des Arbeitsvertrages eine Tarifbindung gemäß Ziffer 9.1 eingetreten ist:

10.1 Endet die Tarifbindung des Unternehmens (z. B. durch Verbandsaustritt), so wirken die zu diesem Zeitpunkt geltenden Tarifbestimmungen statisch fort, bis sie durch eine andere Abmachung ersetzt werden.

10.2 Dies gilt auch im Falle eines Betriebsübergangs, wenn der neue Inhaber nicht tarifgebunden ist.

10.3 Erfolgt ein Betriebsübergang auf einen tarifgebundenen neuen Inhaber, dann finden die beim Betriebserwerber geltenden Tarifbestimmungen Anwendung.

11. Ausschlussfristen

11.1 Ansprüche aus dem Arbeitsverhältnis sind innerhalb von drei Monaten nach Fälligkeit in Textform geltend zu machen.

11.2 Lehnt die Gegenseite in Textform einen rechtzeitig geltend gemachten Anspruch ab, so ist dieser Anspruch innerhalb von drei Monaten nach Zugang der Ablehnung gerichtlich geltend zu machen.

Erfolgt keine entsprechende Stellungnahme der Gegenseite innerhalb von zwei Monaten, so ist der Anspruch ebenfalls gerichtlich geltend zu machen. Die Frist für die gerichtliche Geltendmachung in diesem Fall beträgt drei Monate und beginnt mit Ablauf der Frist für die Stellungnahme der Gegenseite.

11.3 Ansprüche, die nicht innerhalb dieser Zeiträume entsprechend geltend gemacht werden, verfallen.

11.4 Für folgende Ansprüche gelten die Ausschlussfristen gemäß Ziffern 11.1 bis 11.3 nicht:

- Ansprüche, die kraft Gesetzes einer Ausschlussfrist entzogen sind, beispielsweise nach dem Mindestlohngesetz oder solche im Zusammenhang mit Erholungsurlaub,
- Ansprüche aufgrund vorsätzlicher Pflichtverletzungen, sowie
- Ansprüche aufgrund einer Verletzung von Leben, Körper oder Gesundheit.

12. Verpflichtungserklärung zum Datenschutz[17]

Der Arbeitsvertrag wird nur wirksam, wenn die beigefügte „Verpflichtungserklärung zur Wahrung der Vertraulichkeit bei der Verarbeitung personenbezogener Daten" von der Mitarbeiterin ebenfalls unterzeichnet wird.

---

17 Diese Vertragsklausel sollte aufgenommen werden, sofern die Tätigkeit der Mitarbeiterin bzw. des Mitarbeiters dies erfordert. Ein **Beispiel** einer Verpflichtungserklärung ist **am Ende des Vertragsmusters Nummer 2** angefügt.

……………………, den ……………………
(Ort) (Datum)

…………………… ……………………
Unterschrift Unterschrift

Anlage gemäß § 2 Abs. 1 Nr. 14 des Nachweisgesetzes[18]

zum Arbeitsvertrag zwischen

der X-GmbH, …, und

Frau Y, wohnhaft …

…

Der vollständige Text der „Anlage gemäß § 2 Abs. 1 Nr. 14 des Nachweisgesetzes" ist abgedruckt im Anschluss an das Vertragsmuster Nummer 2.

18 Allgemein zur Notwendigkeit einer entsprechenden Information s. Teil 1 „Generelle Überlegungen und Ausgangssituation", dort Ziffer 7.4. Die Neufassung des Nachweisgesetzes zum 01.08.2022 fordert *„die Information (über) das bei der Kündigung des Arbeitsverhältnisses von Arbeitgeber und Arbeitnehmer einzuhaltende Verfahren, mindestens das Schriftformerfordernis und die Fristen für die Kündigung des Arbeitsverhältnisses, sowie die Frist zur Erhebung einer Kündigungsschutzklage."* Es wird empfohlen, diese Information außerhalb des eigentlichen Vertragstextes in Form einer separaten Anlage, die allerdings zu unterzeichnen ist, zur Verfügung zu stellen.

Muster Nr. 2: Ausführliche Fassung eines Arbeitsvertrages – Arbeitsverhältnis ohne Tarifbindung

Die X-GmbH ... [Name und Anschrift]

– nachfolgend „Unternehmen"

und Herr Y, wohnhaft ... [Name und Anschrift]

– nachfolgend „Mitarbeiter"

schließen nachfolgenden

ARBEITSVERTRAG

ab:

1. Beginn des Arbeitsverhältnisses, Art und Ort der Tätigkeit

1.1 Der Mitarbeiter wird für das Unternehmen als ... [Art der Tätigkeit] am Standort ... [Ort des Betriebes] tätig.

1.2 Das Arbeitsverhältnis beginnt am ....

1.3 Die ersten sechs Monate gelten als Probezeit.

→ Hinweis zur Probezeit

Die Probezeit kann auch als befristetes Arbeitsverhältnis ausgestaltet werden. Konsequenz: Das Arbeitsverhältnis endet automatisch mit Ablauf der Probezeit, ohne dass es einer Kündigung bedarf. Wird die Fortsetzung der Zusammenarbeit angestrebt, so ist dies zwischen Unternehmen und Mitarbeiter vor Ablauf der Probezeit zu vereinbaren. Arbeitet der Mitarbeiter allerdings über den Zeitpunkt des Endes der Probezeit hinaus tatsächlich weiter im Betrieb, entsteht im Anschluss ein unbefristetes Arbeitsverhältnis, wenn dies vom Arbeitgeber wissentlich geduldet wird.

→ Bewertung

Die Befristung der Probezeit wäre aus Sicht des Unternehmens dann sinnvoll, wenn sich dadurch bei Bedarf die Beendigung der Zusammenarbeit einfacher herbeiführen lassen würde. Da das Kündigungsschutzgesetz Arbeitsverhältnisse erst ab dem 7. Monat des Bestehens schützt, ergibt sich in der Praxis im Regelfall kein wesentlicher Vorteil aus der Befristung. Aber Achtung: Ausnahmen gelten für Personen, die bereits mit Beginn des Arbeitsverhältnisses einen besonderen Kündigungsschutz genießen. Ferner ist zu beachten, dass die Vorschriften über Betriebsratsanhörung, Kündigungsfristen und das Verbot sittenwidriger Kündigungen auch für Kündigungen innerhalb der ersten sechs Monate eines Arbeitsverhältnisses Anwendung finden. Sofern im betreffenden Unternehmen diese Fragestellungen nicht beherrscht werden, können sich aus der Befristung praktische Vorteile ergeben. Demgegenüber steht allerdings die Frage der personalpolitischen Betrachtung einer Befristung der ersten sechs Monate: Kritiker könnten anführen, das Unternehmen dokumentiere dadurch gegenüber dem neuen Mitarbeiter bereits zum Zeitpunkt der Einstellung ein gewisses Misstrauen. Darüber hinaus stellt sich die Frage, ob beispielsweise qualifizierte und auf dem Arbeitsmarkt besonders gesuchte Mitarbeiterinnen und Mitarbeiter überhaupt bereit sein werden, ein befristetes Probearbeitsverhältnis abzuschließen.

Falls das Unternehmen „nur" ein befristetes Probearbeitsverhältnis anbieten will, empfiehlt sich anstelle der Formulierung in Ziffer 1.2 und 1.3 folgender Wortlaut:

„1.2 Das Arbeitsverhältnis wird als befristetes Probearbeitsverhältnis abgeschlossen und beginnt am .... Es endet, ohne dass es einer Kündigung bedarf, am ... [spätestens sechs Monate nach Beginn]. Sofern die Parteien vor Ablauf der Frist eine entsprechende Vereinbarung treffen, wird das Arbeitsverhältnis als unbefristet fortgesetzt.

1.3 Während der Probezeit kann das Arbeitsverhältnis beiderseits mit einer Frist von zwei Wochen gekündigt werden. Vor Beginn der vereinbarten Arbeitsaufnahme ist eine ordentliche Kündigung ausgeschlossen."

→ **Hinweis:**

bei Verwendung dieser Klausel ist die Regelung zur Vertragsdauer (weiter unten im Vertrag) ebenfalls anzupassen, s. dortiger Hinweis in Ziffer 16.

2. Übertragung anderer Tätigkeit

2.1 Das Unternehmen behält sich vor, dem Mitarbeiter andere Aufgaben zu übertragen, die seinen Fähigkeiten und Kenntnissen entsprechen und die mindestens gleichwertig sind. Dies schließt Tätigkeiten in anderen als den in Ziffer 1 genannten Betrieben des Unternehmens ein.

2.2 Der Mitarbeiter ist darüber hinaus bereit, bei einer anderen zum Unternehmen gehörenden Gesellschaft tätig zu werden, sofern die übernehmende Gesellschaft in alle Rechte und Pflichten dieses Vertrages eintritt.

3. Arbeitszeit

3.1 Die Dauer der regelmäßigen wöchentlichen Arbeitszeit beträgt ... Stunden.

3.2 Die regelmäßige wöchentliche Arbeitszeit kann im Rahmen der jeweils geltenden gesetzlichen Ausgleichszeiträume auch ungleich verteilt werden. Die Lage und die Verteilung der Arbeitszeit richten sich nach den jeweils geltenden betrieblichen Regelungen.

3.3 Der Mitarbeiter erklärt sich bereit, bei Bedarf in gesetzlich zulässigem Umfang Überstunden zu leisten.

3.4 Sofern die jeweils geltenden gesetzlichen Voraussetzungen für die Gewährung von Kurzarbeitergeld vorliegen, ist das Unternehmen berechtigt, Kurzarbeit anzuordnen und die regelmäßige Arbeitszeit mit einer Ankündigungsfrist von zwei Wochen vorübergehend zu verkürzen. Für die Dauer der Arbeitszeitverkürzung mindert sich die vereinbarte Vergütung entsprechend.

4. Monatsentgelt[19]

4.1 Als Vergütung für die Tätigkeit wird ein Monatsentgelt in Höhe von

... € brutto

vereinbart; der sich daraus ergebende Nettobetrag wird am Ende des jeweiligen Monats auf ein anzugebendes Gehaltskonto ausbezahlt.

Auf entsprechende Anweisung hin geleistete Überstunden werden in derselben Höhe wie regelmäßige Arbeitszeit separat vergütet.

→ Hinweis zur Bezahlung von Überstunden

Zum Thema Bezahlung von Überstunden gibt es eine Reihe von klärungsbedürftigen Punkten im Vorfeld. Die Handhabung in der Praxis kann sehr große Unterschiede aufweisen, von gelegentlich einer halben Stunde mehr bei an sich hoher Grundvergütung bis hin zu regelmäßiger Überzeit bei vergleichsweise niedrigem Einkommen.

Nach dem hier vorliegenden Verständnis ist die Möglichkeit, Überzeit anzuordnen, eine Art Vorhaltereserve zur Abdeckung eines nicht geplanten zusätzlichen Bedarfs an Arbeitsvolumen. Überzeit dient nicht der Flexibilisierung des vorhandenen regelmäßigen Arbeitsvolumens. Unternehmen können durch entsprechende Arbeitszeitmodelle das zur Verfügung stehende Volumen an Arbeit sehr flexibel einsetzen und Phasen mit unterschiedlicher Arbeitsbelastung über mehrmonatige Zeiträume ausgleichen. **Überstunden sind demnach ein echtes „Mehr" an Arbeitsleistung**, das nicht ausgeglichen werden kann – kurzfristige Auftragsspitzen oder sonstige, nicht planbare Mehrbelastungen (z. B. durch krankheitsbedingten Ausfall von Kolleginnen und Kollegen oder durch unvorhergesehene Nacharbeiten).

Für eine Regelung der Bezahlung von Überstunden besteht ein gewisser Gestaltungsspielraum. Sofern dazu im Vertrag nichts vereinbart ist, ist im Normalfall richtigerweise jede weitere Arbeitsstunde entsprechend zu vergüten. Dies wird damit begründet, dass <u>üblicherweise</u> eine Mehrleistung des Arbeitnehmers ohne Gegenleistung nicht erwartet werden kann (anders z. B. bei Führungskräften – siehe auch Ausführungen zum Vertrag für außertarifliche Angestellte, Vertragsmuster Nr. 6). In vielen tariflichen oder betrieblichen Regelungen findet sich darüber hinausgehend noch ein Zuschlag auf die regelmäßige Vergütung in Höhe von 25 %.

Von der Bezahlung „ab der ersten Überstunde" kann im Arbeitsvertrag jedoch innerhalb bestimmter Grenzen zum Nachteil der Arbeitnehmerin bzw. des Arbeitnehmers abgewichen werden. Das Bundesarbeitsgericht hat in einer Ent-

---

19 Bei Vereinbarung einer Vergütung auf Stundenbasis ist der Text entsprechend anzupassen:
„4. Entgelt
4.1 Die Vergütung für die Tätigkeit beträgt ...,... Euro brutto je Arbeitsstunde; der sich daraus ergebende Nettobetrag wird am Ende des jeweiligen Monats auf ein anzugebendes Gehaltskonto ausbezahlt."
Hinweis: Der gesetzliche Mindestlohn pro Stunde beträgt seit dem 01.01.2024 12,41 €.

scheidung im Jahr 2012 eine Regelung als wirksam erachtet, nach der bei einer regelmäßigen wöchentlichen Arbeitszeit von 40 Stunden die Leistung von bis zu 20 Überstunden im Monat mit der Vergütung abgegolten sein sollte. Dies entspricht einer arbeitnehmerseitigen „Mehrleistung" von 11,5% ohne zusätzliche Vergütung. Bei einem Arbeitsvertrag über 35 Stunden pro Woche beispielsweise würde die vertragliche Abgeltung in Höhe von 11,5% einem Überstundenkontingent von 17,5 Stunden entsprechen.

Bei einer solchen Regelung ist allerdings zu beachten, dass dadurch die Vereinbarung über das regelmäßige Arbeitsentgelt deutlich relativiert wird. Aufgrund des Mindestlohngesetztes (Stand Januar 2024: 12,41 €/Stunde) müsste in diesem Beispiel die Grundvergütung für jede regelmäßige Arbeitsstunde mindestens 13,84 € betragen (12,41 € plus 11,5 % !), da ansonsten eine entsprechende Vertragsklausel von den Arbeitsgerichten für unwirksam erklärt werden dürfte.

Anmerkung des Verfassers: Eine Vereinbarung, dass eine bestimmte Anzahl an Überstunden mit dem regelmäßigen Monatsentgelt abgegolten sein soll, ist demnach – unter Berufung auf das Bundesarbeitsgericht – rechtlich zulässig und für die Arbeitgeberseite aufgrund der Verhandlungsposition prinzipiell auch durchsetzbar. Ob dies im Einzelfall als gerecht empfunden wird, dürfte unterschiedlich beurteilt werden. Immerhin bekommt dadurch eine Seite des Vertrages die Möglichkeit eingeräumt, die Hauptleistungspflicht des Vertragspartners um bis zu 11,5% zu erweitern, ohne jede Gegenleistung. Würde ein Arbeitsvertrag von beiden Seiten auch unterzeichnet werden, der einer Seite dieses Recht auf Leistungserweiterung ohne Gegenleistung einräumt, wenn erst nach Abschluss des Vertrages festgelegt wird (z. B. durch Losentscheid), ob dieses Recht dem Arbeitgeber oder dem Arbeitnehmer zustehen soll?[20]

Sofern im Vertrag tatsächlich von der Ausgangssituation (regelmäßige Bezahlung von Überstunden) in einem wesentlichen Umfang abgewichen werden soll: Eine allgemein „richtige" Lösung für alle Fälle gibt es nicht. Maßgeblich sind, wie bereits eingangs angedeutet, insbesondere die Art der Tätigkeit, die Höhe des vereinbarten regelmäßigen Entgelts und schließlich auch noch das praktizierte Arbeitszeitmodell (z. B. Gleitzeit mit einem sechsmonatigen Ausgleichszeitraum vs. feste tägliche Arbeitszeit). Einem Ingenieur in einer Entwicklungsabteilung mit Gleitzeit und einem zusätzlichen Jahresbonus kann diesbezüglich sicher mehr zugemutet werden als einem Produktionshelfer an einem automatisierten, getakteten Arbeitsplatz mit festen Arbeitszeiten. Notwendig ist in jedem Fall die Angabe einer konkreten Anzahl an Stunden, die mit dem regelmäßigen Entgelt abgegolten sein sollen. Nicht geeignet sind pauschale

20 Zugegebenermaßen eine hypothetische Fragestellung – in Anlehnung an John Rawls (1921 – 2002), „A Theory of Justice", Harvard 1971.
Die korrekte „Versuchsanordnung" im Sinne von John Rawls, um zu einem gerechten Vertrag zu kommen, wäre wohl folgende: zwei Personen handeln einen Arbeitsvertrag aus, ohne dabei zu wissen, wer von beiden im Anschluss daran Arbeitnehmer und wer Arbeitgeber sein wird.

Formulierungen wie beispielsweise „gelegentliche Überstunden" oder „Überstunden in geringfügigem Umfang".

→ **Alternativregelung hinsichtlich der Bezahlung von Überstunden:**

„Mit dieser Vergütung ist eventuelle anfallende Über- bzw. Mehrarbeit, die auf entsprechende Anweisung hin geleistet worden ist, von bis zu ... Stunden monatlich abgegolten. Darüber hinausgehende angeordnete Arbeitszeiten werden in derselben Höhe wie regelmäßige Arbeitszeit separat vergütet."

→ **Abschließender Hinweis zum Thema Überstunden:**

Gerichtliche Auseinandersetzungen zwischen Arbeitgebern und Arbeitnehmerinnen bzw. Arbeitnehmern über die Bezahlung von Überstunden führen in der Praxis meist zu erheblichen Nachweisproblemen für die Arbeitnehmerseite. Das beginnt bereits mit der Fragestellung, welche Art von zeitlicher Zusatzleistung überhaupt als Überstunde zu berücksichtigen sein soll: nur ausdrücklich von Vorgesetzten als solche angeordnete Zusatzarbeit, oder reicht es aus, wenn Vorgesetzte die über die regelmäßige Arbeitszeit hinausgehende Arbeitsleistung wissentlich dulden (ggfs. nach Anweisung zur Erledigung kurzfristiger Zusatzaufgaben)? Hilfreich im betrieblichen Alltag sind hier sicher eine transparente und für alle Beteiligten nachvollziehbare Handhabung, eine saubere Dokumentation sowie eine klare und offene Kommunikation. Für den Streitfall gilt jedenfalls: Üblicherweise muss der Mitarbeiter bzw. die Mitarbeiterin nachweisen, wann welche Überstunden geleistet worden sind und wer diese als Zusatzleistung angeordnet oder geduldet hat (Dokumentation!).

4.2 [Ggfs. weitere Bestandteile des Monatsentgelts (zeit-/leistungsabhängig)]

4.3 Im Falle der Übertragung höherwertiger Aufgaben (s. Ziffer 2.1) wird das Monatsentgelt mit Wirkung ab Aufnahme der neuen Tätigkeit entsprechend angepasst.

5. Zusätzliche Leistungen

→ **Hinweis zu zusätzlichen Einmalzahlungen (Gratifikation, Bonus etc.)**

Sofern das Unternehmen zusätzlich zum Monatsentgelt weitere Vergütungsbestandteile gewährt, sind diese hier aufzuführen. Zunächst ist jedoch zu klären, auf welcher Rechtsgrundlage die Leistung erfolgt bzw. erfolgen soll. Davon hängt letztendlich ab, wie die Formulierung im Arbeitsvertrag ausgestaltet werden kann – nur als Information über eine bestehende anderweitige Regelung oder als eigenständige Grundlage. Im vorliegenden Beispiel soll die zusätzliche Leistung als widerrufliche Sonderzahlung durch den Vertrag selbst geregelt werden. Eventuelle Beteiligungsrechte von Arbeitnehmervertretungen werden an dieser Stelle nicht vertieft.

Im nachfolgenden Mustertext wird eine Jahressonderzahlung geregelt, deren Zweck ausschließlich Entgelt für erbrachte Leistungen im abgelaufenen Jahr ist. Bei der Ausgestaltung der Leistung sind verschiedene Modifizierungen denkbar. Im Vertragsmuster der Kurzfassung (in Anlehnung an das Nachweisgesetz, s. Muster Nr. 1) ist eine Gratifikation geregelt, deren Zweck bzw. Anreizfunktion die Belohnung erbrachter und zukünftiger Betriebstreue ist. Beide Regelungen sind gegeneinander austauschbar.[21]

Ergänzend zum Monatsentgelt erhält der Mitarbeiter folgende Leistungen:

5.1 Jahressonderzahlung

Das Unternehmen gewährt den Mitarbeiterinnen und Mitarbeitern eine Jahressonderzahlung nach Maßgabe der nachfolgenden Bestimmungen.

5.1.1 Die jährliche Sonderzahlung beträgt brutto zwischen 0 % und 100 % eines regelmäßigen Monatsentgelts. Das dafür zugrunde zu legende Monatsentgelt ergibt sich aus dem Durchschnitt der im Kalenderjahr bis Oktober abgerechneten, regelmäßigen Monatsentgelte.

5.1.2 Die Sonderzahlung kommt gleichzeitig mit den Bezügen für den Monat November zur Auszahlung.[22]

5.1.3 Für das voraussichtliche Geschäftsergebnis des Unternehmens im laufenden Jahr werden bis zu 50 % gewährt, die restlichen 0–50 % werden in Abhängigkeit von der persönlichen Leistung gezahlt. Die Bewertungskriterien werden jeweils zu Beginn des Kalenderjahres vom Unternehmen festgelegt.

5.1.4 Die Höhe der Sonderzahlung verringert sich um 1/12 für jeden vollen Kalendermonat, in dem das Arbeitsverhältnis entweder ruht oder der Mitarbeiter arbeitsunfähig ist. Für eine solche Verringerung der Sonderzahlung werden jedoch nur Zeiträume außerhalb einer gesetzlichen Entgeltfortzahlungspflicht berücksichtigt. Maßgeblicher Zeitrahmen für die Ermittlung einer eventuellen Verringerung der Sonderzahlung sind die letzten zwölf Monate vor dem 01.11. des laufenden Jahres.

5.1.5 Im Ein- oder Austrittsjahr erhalten Mitarbeiterinnen und Mitarbeiter den nach Ziffern 5.1.1 bis 5.1.4 ermittelten Betrag anteilig (1/12 für jeden vollen Kalendermonat des Bestehens des Arbeitsverhältnisses). Im Austrittsjahr wird die anteilige Jahressonderzahlung gleichzeitig mit den letzten regelmäßigen Bezügen auf Basis einer Prognose bezüglich der Bewertungskriterien ausbezahlt.

---

21 Bei der hier dargestellten zusätzlichen Leistung handelt es sich um die verbindliche Zusage eines „13. Monatsgehalts", versehen mit einem Widerrufsvorbehalt aus wirtschaftlichen Gründen. Es kann an dieser Stelle nicht ausgeschlossen werden, dass sich weitergehende Anforderungen an die Transparenz solcher Vorbehalte ergeben im Zuge einer Weiterentwicklung der BAG-Rechtsprechung (z. B. konkrete Hinweise auf den Umfang des erforderlichen Umsatz- oder Ergebnisrückgangs).
Die vorliegende Regelung ist streng von einer freiwilligen Leistung des Unternehmens zu trennen, wie beispielsweise die Sonderzahlungen einiger Automobilhersteller zum Jahresende aufgrund eines besonders positiv verlaufenen Geschäftsjahres. Solche Sachverhalte werden üblicherweise nicht arbeitsvertraglich geregelt.

22 Die Auszahlung kann auch zu einem späteren Zeitpunkt vorgesehen werden, z. B. erst im Folgejahr nach Feststellung des Unternehmensergebnisses. In diesem Fall wären die einzelnen Bedingungen entsprechend auf den neuen Zeitpunkt anzupassen (Bemessung des regelmäßigen Monatsentgelts in Ziffer 5.1.1, relevanter Ruhenszeitraum in Ziffer 5.1.4, sowie der Widerrufsvorbehalt in Ziffer 5.1.6).

5.1.6 Vorbehalt des Widerrufs:

Die Zusage der Jahressonderzahlung kann vom Unternehmen aus wirtschaftlichen Gründen für das laufende Jahr widerrufen werden. Der Widerruf ist zulässig, sofern der Geschäftsverlauf im 1. Halbjahr ein negatives Geschäftsergebnis vor Steuern für das Gesamtjahr erwarten lässt und der auf das Geschäftsergebnis entfallende Anteil der Jahressonderzahlung auf Basis dieser Prognose bei null liegen würde. Der Widerruf ist dem Mitarbeiter bis spätestens 31.08. des laufenden Jahres mitzuteilen.

5.2 *[Weitere Beispiele für Zusatzleistungen sind zusätzliche Urlaubsvergütung, vermögenswirksame Leistungen, ...]*

6. Rückzahlung zu viel erhaltener Leistungen

Das Unternehmen kann Überzahlungen und sonstige Leistungen, die zu viel gewährt wurden, vom Mitarbeiter nach den Grundsätzen des allgemeinen Bereicherungsrechts zurückfordern. Der Mitarbeiter kann sich hierbei nicht auf einen möglichen Wegfall der Bereicherung berufen, wenn die Zuvielleistung auf Umständen beruht, die von ihm zu vertreten sind, oder wenn er den Fehler hätte erkennen müssen.

7. Abtretungsverbot und Kostenerstattung bei Pfändung

7.1 Die Abtretung oder Verpfändung von Vergütungsansprüchen durch den Mitarbeiter ist ausgeschlossen.

7.2 Wird Arbeitseinkommen des Mitarbeiters gepfändet, sind die dem Unternehmen dadurch entstehenden Kosten vom Mitarbeiter zu tragen. Als Pauschale wird hierfür je Pfändung und Bearbeitungsmonat ein Betrag in Höhe von 5 € zugrunde gelegt.[23]

8. Arbeitsverhinderung

8.1 Der Mitarbeiter ist verpflichtet, jede Arbeitsverhinderung unverzüglich mitzuteilen. Grund und voraussichtliche Dauer sind dabei anzugeben.

8.2 Im Krankheitsfall gilt ergänzend: Dauert die Arbeitsverhinderung mehr als ...[24] Kalendertage, ist der Mitarbeiter verpflichtet, die Arbeitsunfähigkeit spätestens

23 Ob die Kostenerstattung wirksam vereinbart werden kann, ist vom Bundesarbeitsgericht noch nicht entschieden. Die Gegenmeinung begründet dies u. a. mit dem allgemeinen Grundsatz, dass vom Staat auferlegte Pflichten (beispielsweise im Rahmen einer Zwangsvollstreckung) ohne Gegenleistung zu erfüllen sind. Das Risiko bei der Verwendung der Klausel ist an dieser Stelle eher gering: im Falle der Unwirksamkeit wäre lediglich Ziffer 7.2 des Vertrages gegenstandslos.

24 Das Gesetz normiert als Regelfall die Verpflichtung zur Vorlage einer ärztlichen Bescheinigung, wenn die Arbeitsunfähigkeit länger als drei Kalendertage dauert, am darauffolgenden Arbeitstag. Der Arbeitgeber ist jedoch berechtigt, die Vorlage einer ärztlichen Bescheinigung früher zu verlangen – bereits für den (und falls technisch möglich am) ersten Tag der Arbeitsunfähigkeit. Sofern dies als sinnvoll erachtet wird, kann die frühere Vorlagepflicht im Arbeitsvertrag entsprechend vereinbart werden – durch folgende Formulierung, welche die Sätze 1 und 2 in Ziffer 8.2 ersetzt:

am darauffolgenden Arbeitstag durch Vorlage einer ärztlichen Bescheinigung nachzuweisen. Das Unternehmen ist berechtigt, die Vorlage der ärztlichen Bescheinigung früher zu verlangen. Für Mitarbeiterinnen und Mitarbeiter, die im Rahmen ihrer gesetzlichen Krankenversicherung behandelt werden, gilt abweichend hiervon: die Vorlage der ärztlichen Bescheinigung erfolgt durch den behandelnden Arzt per eAU an die betreffende Krankenkasse.

8.3 Dauert die krankheitsbedingte Arbeitsunfähigkeit länger als ursprünglich mitgeteilt, ist das Unternehmen unverzüglich über die Verlängerung zu informieren und unverzüglich eine ärztliche Folgebescheinigung vorzulegen bzw. – im Falle einer gesetzlichen Versicherung – die Weiterleitung per eAU an die Krankenkasse entsprechend zu veranlassen.

9. Entgeltfortzahlung bei Arbeitsunfähigkeit und im Todesfall

9.1 Bei unverschuldeter Arbeitsunfähigkeit in Folge von Krankheit erhält der Mitarbeiter die vereinbarten Bezüge im Rahmen der jeweils geltenden gesetzlichen Bestimmungen weiter gewährt.[25]

9.2 Im Falle des Todes erhalten die Erben oder unterhaltsberechtigte Angehörige die vereinbarten Bezüge für den Sterbemonat sowie für ...[26] weitere Monate fortgezahlt. Die Auszahlung erfolgt als Einmalbetrag.

Es bleibt dem Unternehmen überlassen, an welche Erben oder unterhaltsberechtigte Personen diese Bezüge ausbezahlt werden.

10. Bezahlte Arbeitsversäumnisse[27]

Bei notwendigen, unverschuldeten Arbeitsversäumnissen gewährt das Unternehmen bezahlte Freistellung von der Arbeit in folgenden, abschließend aufgezählten Fällen:

[Fortsetzung Fußnote 24]

„Im Krankheitsfall ist der Mitarbeiter ferner verpflichtet, die Arbeitsunfähigkeit unverzüglich durch Vorlage einer ärztlichen Bescheinigung nachzuweisen."

25 Die ersten vier Wochen des Arbeitsverhältnisses gelten als Wartezeit ohne Anspruch auf Entgeltfortzahlung im Krankheitsfall. Ist die Wartezeit erfüllt, beträgt die Entgeltfortzahlung im Krankheitsfall bis zu sechs Wochen.

26 Regelung kommt in der Praxis häufig vor. Möglich ist eine Abstufung in Abhängigkeit von der Unternehmenszugehörigkeit, z. B. grundsätzlich für einen Monat, nach fünf Jahren Zugehörigkeit für zwei Monate, nach zehn Jahren für drei Monate.

27 Der Vergütungsanspruch bei unverschuldeter Arbeitsverhinderung durch persönliche Gründe (bezahlte Arbeitsversäumnisse) ist im Gesetz nur allgemein geregelt (§ 616 BGB). Diese gesetzliche Regelung kann durch den Arbeitsvertrag konkretisiert und sogar ganz ausgeschlossen werden. Die hier als Beispiele dargestellten Sachverhalte finden sich in vielen tariflichen und betrieblichen Vereinbarungen. Für den jeweiligen Arbeitsvertrag können weitere Freistellungen aufgenommen oder einzelne der Beispiele herausgenommen werden. Sofern bezahlte Arbeitsversäumnisse im konkreten Arbeitsvertrag nicht geregelt werden sollen, kann der Passus ersatzlos entfallen.

– Tod des Ehegatten	3 Arbeitstage
– Tod eigener Kinder sowie von Stief-/Adoptivkindern	2 Arbeitstage
– Eigene Eheschließung	2 Arbeitstage
– Geburt eines leiblichen Kindes	1 Arbeitstag
– Tod eines Eltern- oder Schwiegerelternteils	1 Arbeitstag
– Tod von Geschwistern/Halbgeschwistern	1 Arbeitstag
– Teilnahme an der Trauung eigener Kinder oder Adoptivkinder	1 Arbeitstag
– Wohnungswechsel, sofern ein eigener Hausstand besteht	1 Arbeitstag

11. Erholungsurlaub

→ Hinweis zur Urlaubsregelung

Für den jährlichen Erholungsurlaub hat sich aufgrund der jüngeren Rechtsprechung des Europäischen Gerichtshofes, der sich das Bundesarbeitsgericht anschließen musste, in den letzten Jahren einiges verändert. Die vier wichtigsten Modifizierungen seien an dieser Stelle genannt:

- Sofern der Urlaub im laufenden Kalenderjahr aufgrund von Krankheit nicht genommen werden kann, bleibt der Anspruch unter Umständen bis zu 15 Monate erhalten (bis zum 31.03. des übernächsten Jahres).
- Der Urlaubsanspruch verfällt nur dann am Ende des Jahres (bzw. am Ende des Übertragungszeitraumes bis zum 31.03. des Folgejahres), wenn das Unternehmen die Mitarbeiterin bzw. den Mitarbeiter rechtzeitig ausdrücklich darauf hingewiesen hat, dass er bei Nichtinanspruchnahme verfallen wird.
- Unterlässt das Unternehmen den ausdrücklichen Hinweis auf den Verfall des Resturlaubes, beginnt auch die gesetzliche Verjährungsfrist (hier: 3 Jahre) nicht zu laufen.
- Verstirbt eine Mitarbeiterin oder ein Mitarbeiter im laufenden Arbeitsverhältnis, so haben die Erben Anspruch auf Abgeltung des noch nicht verbrauchten Resturlaubes.

Diese einschneidenden Änderungen können dazu führen, dass sich je nach der Situation im Unternehmen einiges an rückständigen Urlaubsansprüchen auftürmen kann, was zu einem späteren Zeitpunkt zu nicht unerheblichen Zahlungsverpflichtungen führen kann. Etwas aufwendiger, aber rechtlich möglich ist es, den jährlichen Erholungsurlaub in zwei Teile aufzuteilen: Teil 1 ist der gesetzliche Mindesturlaub und Teil 2 hat einen zusätzlichen vertraglichen Erholungsurlaub zum Gegenstand. Dieser über dem gesetzlichen Mindesturlaub liegende vertragliche Zusatzurlaub kann dabei unabhängig von den zwingenden Bestimmungen des Bundesurlaubsgesetzes und der dazu ergangenen Rechtsprechung des Bundesarbeitsgerichts geregelt werden. Eine solche Urlaubsregelung kann wie folgt lauten:

A: Gesetzlicher Urlaubsanspruch

11.1 Gemäß der derzeit gültigen gesetzlichen Regelung hat der Mitarbeiter Anspruch auf einen gesetzlichen Mindesturlaub von 24 Werktagen bezogen auf eine 6-Tage-Woche, bei einer 5-Tage-Woche sind das 20 Arbeitstage, pro Kalenderjahr. Im Falle einer zukünftigen gesetzlichen Änderung gilt die jeweils geltende gesetzliche Regelung für das Arbeitsverhältnis. Im Übrigen gilt das Bundesurlaubsgesetz in seiner jeweils geltenden Fassung.

B: Zusätzlicher vertraglicher Urlaub

11.2 Das Unternehmen gewährt dem Mitarbeiter zusätzlich zu dem gesetzlichen Mindesturlaub einen vertraglichen Urlaub von weiteren zehn Arbeitstagen pro Kalenderjahr, bezogen auf eine 5-Tage-Woche und eine wöchentliche Arbeitszeit von ... (z. B. 40) Stunden. Sofern der gesetzliche Mindesturlaub erhöht wird, behält sich das Unternehmen vor, den vertraglichen Urlaubsanspruch entsprechend zu reduzieren. Das Bundesurlaubsgesetz findet keine Anwendung.

Im Ein- und Austrittsjahr wird der vertragliche Zusatzurlaub anteilig mit 1/12 für jeden vollen Kalendermonat des Bestehens des Arbeitsverhältnisses gewährt (pro rata). Bruchteile von Urlaubstagen werden mit einer Dezimalstelle nach dem Komma kaufmännisch gerundet. Das Unternehmen behält sich vor, eventuell zu viel gewährten Urlaub im Austrittsjahr mit noch bestehenden Entgeltansprüchen des Mitarbeiters zu verrechnen, soweit dies rechtlich zulässig ist. Endet das Arbeitsverhältnis durch Tod des Mitarbeiters, erfolgt keine Abgeltung von eventuell noch nicht gewährtem vertraglichen Zusatzurlaub.

Eine Übertragung des zusätzlichen vertraglichen Urlaubs auf das Folgejahr ist nur aus betrieblichen oder dringenden persönlichen Gründen des Mitarbeiters möglich, höchstens bis zum 31.03. des Folgejahres. Hierzu bedarf es der vorhergehenden schriftlichen Genehmigung durch das Unternehmen. Nach dem 31.03. verfallen nicht genommene Urlaubsansprüche aus dem Vorjahr ersatzlos, egal aus welchem Grund. Eine Abgeltung findet in diesem Fall nicht statt.

C: Allgemeine Bestimmungen für den gesetzlichen und vertraglichen Urlaub

11.3 Bei der Beantragung und Gewährung von Urlaub gilt folgende Rangfolge:

Zunächst ist ggfs. noch bestehender Resturlaub aus dem Vorjahr zu beantragen und zu gewähren; danach folgt der gesetzliche Urlaubsanspruch. Nur wenn weder Resturlaub noch gesetzliche Urlaubsansprüche mehr bestehen, kann der zusätzliche vertragliche Urlaub beantragt und gewährt werden.

11.4 Der Urlaub soll möglichst zusammenhängend beantragt und gewährt werden. Er ist grundsätzlich vollständig im laufenden Kalenderjahr zu gewähren bzw. zu nehmen.

11.5 Der Mitarbeiter kann Urlaub erst dann antreten, wenn dieser vom Unternehmen genehmigt oder festgelegt ist.

11.6 Im Übrigen gelten die jeweiligen betrieblichen Urlaubsregelungen.

12. Nebentätigkeit

12.1 Der Mitarbeiter verpflichtet sich, jede bei Vertragsabschluss beabsichtigte oder bereits ausgeübte Nebentätigkeit mitzuteilen.

12.2 Die nach Vertragsabschluss beabsichtigte Aufnahme einer Nebentätigkeit ist dem Unternehmen rechtzeitig – vor Eingehen einer entsprechenden Verpflichtung – mitzuteilen.

12.3 Die Aufnahme einer Nebentätigkeit ist nicht zulässig und kann vom Unternehmen untersagt werden, wenn

- eine Konkurrenzsituation zur [*X-GmbH*] oder mit ihr verbundener Unternehmen entstehen würde,
- durch die Ausübung der Nebentätigkeit zusätzlich zur Tätigkeit für das Unternehmen gegen arbeitszeitrechtliche Bestimmungen verstoßen würde,
- die ordnungsgemäße Erfüllung der Pflichten aus dem Arbeitsverhältnis mit dem Unternehmen gefährdet wäre oder
- sonstige berechtigte Interessen des Unternehmens beeinträchtigt sein können.

13. Geheimhaltung/Herausgabe von Unterlagen

13.1 Der Mitarbeiter verpflichtet sich, über erlangte Geschäfts- und Betriebsgeheimnisse sowie über alle als vertraulich gekennzeichneten Angelegenheiten Stillschweigen zu wahren. Dies gilt auch gegenüber Mitarbeiterinnen und Mitarbeitern des Unternehmens, soweit diese Personen nicht im Rahmen ihrer Aufgaben zur Kenntnisnahme befugt sind. Der Mitarbeiter verpflichtet sich ferner, Informationen aus dem geschäftlichen Bereich nicht für private Zwecke auszuwerten und keine Aufzeichnungen oder Vervielfältigungen zum privaten Gebrauch anzufertigen.

Dies gilt sinngemäß für Angelegenheiten von mit der [*X-GmbH*] verbundenen Unternehmen.

13.2 Die Verpflichtung gemäß Ziffer 13.1 gilt auch nach Beendigung des Arbeitsverhältnisses fort.

13.3 Der Mitarbeiter verpflichtet sich, alle seine dienstliche Tätigkeit betreffenden Unterlagen, Abbildungen, Muster und dergleichen als ihm anvertrautes, ausschließliches Eigentum des Unternehmens zu behandeln. Er wird dafür sorgen, dass solche Unterlagen sowie davon angefertigte Aufzeichnungen oder Vervielfältigungen weder ganz, noch teilweise zur Kenntnis Unbefugter gelangen. Der Mitarbeiter wird auf Verlangen jederzeit, bei Beendigung des Arbeitsverhältnisses unaufgefordert alle Unterlagen seiner Vorgesetzten oder seinem Vorgesetzten aushändigen und dabei kein Zurückbehaltungsrecht geltend machen.

14. Arbeitsergebnisse

Der Mitarbeiter verpflichtet sich, dem Unternehmen die Ergebnisse seiner dienstlichen Tätigkeiten einschließlich aller Verbesserungsmöglichkeiten mitzuteilen. Alle Ergebnisse der dienstlichen Arbeiten stehen ausschließlich dem Unternehmen zu.

Nutzungs- und Verwertungsrechte – auch für unter das Urheberrecht fallende Leistungen (inklusive Computerprogramme) – gehen mit der Entstehung der Arbeitsergebnisse auf das Unternehmen über. Das Unternehmen erhält damit das ausschließliche und uneingeschränkte Nutzungsrecht für alle bekannten und neuen Nutzungsarten. Der Mitarbeiter wird an der Wahrung der sich daraus für das Unternehmen ergebenden Rechte mitwirken und alle vom Unternehmen dafür als notwendig erachteten Maßnahmen ergreifen.

Alle Ansprüche für den Übergang der obigen Rechte auf das Unternehmen sind durch die Bezüge abgegolten. Weitergehende betriebliche Regelungen bleiben hiervon unberührt.

Die vorstehende Regelung behält auch nach dem Ende des Arbeitsverhältnisses ihre Gültigkeit.

Für schutzfähige Erfindungen und Gebrauchsmuster gelten im Übrigen die gesetzlichen Bestimmungen in ihrer jeweils gültigen Fassung.

15. Vertragsstrafe[28]

15.1 Nimmt der Mitarbeiter die vereinbarte Tätigkeit nicht oder verspätet auf und trifft ihn dabei ein Verschulden, erklärt er sich bereit, eine Vertragsstrafe an das Unternehmen zu zahlen. Die Höhe der Vertragsstrafe beträgt für jeden Arbeitstag der verspäteten Arbeitsaufnahme ein durchschnittliches Tagesentgelt (brutto), insgesamt höchstens 50% eines Brutto-Monatsentgelts. Für den Fall des Nichtantritts der Tätigkeit beträgt die Vertragsstrafe 50% eines Brutto-Monatsentgelts.[29]

Beendet der Mitarbeiter die Tätigkeit vor Ablauf der Probezeit vertragswidrig, so hat er eine Vertragsstrafe in Höhe von 50% eines Brutto-Monatsentgelts an das Unternehmen zu zahlen.

15.2 Beendet der Mitarbeiter die Tätigkeit nach Ablauf der Probezeit vertragswidrig, so hat er eine Vertragsstrafe in Höhe von einem Brutto-Monatsentgelt an das Unternehmen zu zahlen.

15.3 Für die Berechnung der Höhe der Vertragsstrafe wird das aktuelle regelmäßige Monatsentgelt im Sinne von Ziffer 4.1 zugrunde gelegt (ohne ggfs. Überstunden). Zeit- und leistungsabhängige variable Entgeltbestandteile bleiben außer Betracht. Als durchschnittliches Tagesentgelt gilt das Monatsentgelt geteilt durch 21.

15.4 Die Möglichkeit des Unternehmens, einen weiter gehenden Schaden geltend zu machen, bleibt davon unberührt.

---

28 Ob die Aufnahme dieses Abschnitts aus personalpolitischer Sicht sinnvoll ist, kann nur unter Berücksichtigung der Situation des jeweiligen Unternehmens und des betreffenden Arbeitsverhältnisses beurteilt werden. Außer den angesprochenen Fällen finden sich in der Praxis unter anderem auch noch Vertragsstrafen-Regelungen bei unentschuldigter Arbeitsversäumnis oder Verstoß gegen Geheimhaltungsverpflichtungen.

29 Die Höhe der Vertragsstrafe für den Fall des Nichtantritts entspricht im vorliegenden Fall annähernd dem Verdienst während der Kündigungsfrist in der Probezeit (das Bundesarbeitsgericht hält eine Vertragsstrafe in Höhe eines Monatsverdienstes bei einer Kündigungsfrist von vier Wochen für zulässig).

16. Vertragsdauer, Beendigung

16.1 Das Arbeitsverhältnis endet, ohne dass es einer Kündigung bedarf, mit Ablauf des Monats, in dem der Mitarbeiter die Regelaltersgrenze der gesetzlichen Rentenversicherung erreicht.[30]

16.2 Ordentliche Kündigung

Während der Probezeit kann das Arbeitsverhältnis beiderseits mit einer Frist von zwei Wochen gekündigt werden. Vor Beginn der vereinbarten Arbeitsaufnahme ist eine Kündigung ausgeschlossen.

Nach Ablauf der Probezeit kann das Arbeitsverhältnis beiderseits mit einer Frist von vier Wochen zum Fünfzehnten oder zum Ende eines Kalendermonats gekündigt werden. Gesetzliche Verlängerungen der Kündigungsfrist aufgrund zunehmender Unternehmenszugehörigkeit gelten beiderseitig; § 15 Abs. 4 TzBfG bleibt hiervon unberührt.[31]

→ **Hinweis bei befristeter Probezeit**

Sofern die Probezeit als befristetes Arbeitsverhältnis ausgestaltet ist (siehe Hinweis in Ziffer 1.3), ist Ziffer 16 zu modifizieren und lautet wie folgt:

„16. Vertragsdauer und Beendigung im Falle einer unbefristeten Fortsetzung des Arbeitsverhältnisses über den … hinaus

Wird das Arbeitsverhältnis über den … hinaus fortgesetzt, gelten die nachfolgenden Bestimmungen hinsichtlich der Vertragsdauer sowie der Beendigung des Vertrages:

16.1 Das Arbeitsverhältnis endet, ohne dass es einer Kündigung bedarf, mit Ablauf des Monats, in dem der Mitarbeiter die Regelaltersgrenze der gesetzlichen Rentenversicherung erreicht.[32]

---

30 Rechtlich zulässig ist auch die Vereinbarung, dass das Arbeitsverhältnis endet, sobald der Mitarbeiter eine vorgezogene Altersrente beziehen kann, z. B. mit Vollendung des 63. Lebensjahres aufgrund langjähriger Versicherung. Diese Abrede wird jedoch nur wirksam, wenn sie innerhalb von drei Jahren vor dem vorgesehenen Ende des Arbeitsverhältnisses vom Mitarbeiter bestätigt wird (Bestätigungsvorbehalt in § 41 SGB IV).
Nur der Vollständigkeit halber: in diesem Zusammenhang werden im arbeitsrechtlichen Schrifttum vereinzelt auch sog. „Rentenbezugsklauseln“ diskutiert, wonach das Arbeitsverhältnis – vor Erreichen der Regelaltersgrenze – enden soll, wenn tatsächlich eine Rente bezogen wird. Die Relevanz einer solchen Klausel insbesondere für kleinere Unternehmen halte ich für eher gering, auf die Vor- und Nachteile sowie die rechtliche Komplexität kann im Übrigen im vorgegebenen Rahmen nicht vertieft eingegangen werden.

31 § 15 Absatz 4 TzBfG gewährt Arbeitnehmerinnen und Arbeitnehmern nach der Lesart der herrschenden Meinung – auch bei einem auf unbestimmte Zeit abgeschlossenen Arbeitsverhältnis – ein Sonderkündigungsrecht (ordentliche Kündigung) ab Beginn des sechsten Jahres des Arbeitsverhältnisses. Die Kündigungsfrist beträgt dabei sechs Monate und ist kürzer als beispielsweise die gesetzliche Kündigungsfrist für Arbeitgeber, wenn das Arbeitsverhältnis 20 Jahre und länger bestanden hat (§ 622 Absatz 2 BGB).

32 S. Fußnote 30.

16.2 Nach Ablauf der Probezeit kann das Arbeitsverhältnis beiderseits mit einer Frist von vier Wochen zum Fünfzehnten oder zum Ende eines Kalendermonats gekündigt werden. Gesetzliche Verlängerungen der Kündigungsfrist aufgrund zunehmender Unternehmenszugehörigkeit gelten beiderseitig."

17. Freistellung von der Arbeitspflicht

Im Falle einer Kündigung ist das Unternehmen berechtigt, den Mitarbeiter unter Fortzahlung der Bezüge unwiderruflich bis zum Ablauf der Kündigungsfrist von der Arbeit freizustellen. Die Freistellung wird auf eventuell noch vorhandene Urlaubsansprüche und sonstige Freistellungsansprüche angerechnet.

18. Information durch das Unternehmen: keine Geltung von Tarifverträgen

Das Unternehmen setzt den Mitarbeiter hiermit davon in Kenntnis, dass das Arbeitsverhältnis zum Zeitpunkt des Abschlusses dieses Vertrages keinen tariflichen Regelungen unterliegt.

19. Ergänzende Information: Geltung von Betriebsvereinbarungen

Auf das Arbeitsverhältnis finden die für den jeweiligen Beschäftigungsbetrieb geltenden Betriebsvereinbarungen in ihrer jeweils gültigen Fassung Anwendung.

20. Öffnungsklausel

→ Vorab-Hinweis zum Regelungskomplex in den Ziffern 20 und 21

Die nachfolgenden zwei Ziffern haben hauptsächlich die folgenden Funktionen:

a) Eine Flexibilisierung der getroffenen vertraglichen Vereinbarungen für den Fall, dass nach Abschluss des Arbeitsvertrages eine Änderung bezüglich der Tarifbindung eintritt oder Betriebsvereinbarungen geändert oder neu abgeschlossen werden;

b) Eine Regelung für den Fall, dass nach einer eingetretenen Tarifbindung eine weitere Änderung der Tarifsituation eintritt, beispielsweise durch einen Verbandsaustritt des Arbeitsgebers oder im Wege eines Betriebsübergangs.

Rechtlich komplexere Konstellationen mit unterschiedlichen Tarifbindungen innerhalb eines Unternehmens werden durch die gewählten Formulierungen nicht abgebildet und bedürfen einer weitergehenden Analyse im Einzelfall.

Für viele Verträge wird die Fragestellung einer geänderten Tarifbindung wahrscheinlich über die gesamte Laufzeit des Arbeitsverhältnisses nicht relevant werden. Anders hingegen die Situation bei geänderten oder neuen Betriebsvereinbarungen – entsprechende Anpassungen und Modifizierungen sind an der Tagesordnung. Sofern tarifliche Veränderungen für das Arbeitsverhältnis mit Sicherheit ausgeschlossen werden können, kann der Arbeitsvertrag ohne diejenigen Textelemente konzipiert werden, die einen Tarifwechsel ermöglichen sollen.

20.1 Für den Fall, dass nach Abschluss dieses Vertrages eine Tarifbindung des Unternehmens in einem einschlägigen Tarifbereich eintritt, wird die Geltung des betreffenden Tarifvertrages in der jeweils gültigen Fassung für das vorliegende Arbeitsverhältnis vereinbart (Gleichstellungsabrede).

Die betreffenden tariflichen Regelungen haben Vorrang gegenüber individualrechtlichen Regelungen; dies gilt auch, wenn die individualrechtliche Regelung für den Mitarbeiter günstiger wäre.

20.2 Bezüglich Betriebsvereinbarungen oder Teilen von Betriebsvereinbarungen, die nach Abschluss dieses Vertrages abgeschlossen oder abgeändert werden, wird Folgendes vereinbart:

20.2.1 Für das Arbeitsverhältnis geltende Betriebsvereinbarungen haben Vorrang gegenüber individualrechtlichen Regelungen; dies gilt auch, wenn die individualrechtliche Regelung für den Mitarbeiter günstiger wäre.

20.2.2 Information durch das Unternehmen: Auf Gegenstände, die üblicherweise nicht durch Betriebsvereinbarung geregelt werden können (z. B. die Höhe der monatlichen Grundvergütung, die Dauer der regelmäßigen wöchentlichen Arbeitszeit oder Art und Ort der Tätigkeit) findet Ziffer 20.2.1 keine Anwendung.[33]

20.3 Ziffer 20.2 gilt auch im Falle eines Wechsels des Beschäftigungsbetriebes mit der Maßgabe, dass die für den neuen Beschäftigungsbetrieb geltenden Betriebsvereinbarungen Vorrang gegenüber individualrechtlichen Regelungen haben.

21. Wechsel oder Beendigung einer eventuellen Tarifbindung/Betriebsübergang

Die nachfolgenden Vereinbarungen in den Ziffern 21.1 bis 21.3 gelten für den Fall, dass nach Abschluss des Arbeitsvertrages eine Tarifbindung gemäß Ziffer 20.1 eingetreten ist:

21.1 Endet die Tarifbindung des Unternehmens (z. B. durch Verbandsaustritt), so wirken die zu diesem Zeitpunkt geltenden Tarifbestimmungen statisch fort, bis sie durch eine andere Abmachung ersetzt werden.

21.2 Dies gilt auch im Falle eines Betriebsübergangs, wenn der neue Inhaber nicht tarifgebunden ist.

21.3 Erfolgt ein Betriebsübergang auf einen tarifgebundenen neuen Inhaber, dann finden die beim Betriebserwerber geltenden Tarifbestimmungen Anwendung.

22. Ausschlussfristen

22.1 Ansprüche aus dem Arbeitsverhältnis sind innerhalb von drei Monaten nach Fälligkeit in Textform geltend zu machen.

33 Die Herausnahme monatlicher Grundvergütung, regelmäßiger wöchentlicher Arbeitszeit oder Art und Ort der Tätigkeit aus der Öffnungsklausel für Betriebsvereinbarungen ist lediglich eine Klarstellung. Über diese Gegenstände können Betriebsvereinbarungen im Regelfall nicht abgeschlossen werden.

22.2 Lehnt die Gegenseite in Textform einen rechtzeitig geltend gemachten Anspruch ab, so ist dieser Anspruch innerhalb von drei Monaten nach Zugang der Ablehnung gerichtlich geltend zu machen.

Erfolgt keine entsprechende Stellungnahme der Gegenseite innerhalb von zwei Monaten, so ist der Anspruch ebenfalls gerichtlich geltend zu machen. Die Frist für die gerichtliche Geltendmachung in diesem Fall beträgt drei Monate und beginnt mit Ablauf der Frist für die Stellungnahme der Gegenseite.

22.3 Ansprüche, die nicht innerhalb dieser Zeiträume entsprechend geltend gemacht werden, verfallen.

22.4 Für folgende Ansprüche gelten die Ausschlussfristen gemäß Ziffern 22.1 bis 22.3 nicht:

- Ansprüche, die kraft Gesetzes einer Ausschlussfrist entzogen sind, beispielsweise nach dem Mindestlohngesetz oder solche im Zusammenhang mit Erholungsurlaub,
- Ansprüche aufgrund vorsätzlicher Pflichtverletzungen sowie
- Ansprüche aufgrund einer Verletzung von Leben, Körper oder Gesundheit.

23. Verpflichtungserklärung zum Datenschutz[34]

Der Arbeitsvertrag wird nur wirksam, wenn die beigefügte „Verpflichtungserklärung zur Wahrung der Vertraulichkeit bei der Verarbeitung personenbezogener Daten" vom Mitarbeiter ebenfalls unterzeichnet wird.

......................, den ....
(Ort) (Datum)

....
Unterschrift Unterschrift

34 Diese Vertragsklausel sollte aufgenommen werden, sofern die Tätigkeit der Mitarbeiterin bzw. des Mitarbeiters dies erfordert. Ein Beispiel einer solchen Verpflichtungserklärung siehe nachfolgender Anhang.

Anhang: Beispiel für eine Verpflichtungserklärung zur

„Wahrung der Vertraulichkeit bei der Verarbeitung personenbezogener Daten"

Sehr geehrter Herr ....,

aufgrund Ihrer Aufgabenstellung im Rahmen Ihres neuen Arbeitsverhältnisses verpflichten wir Sie entsprechend den gesetzlichen Vorgaben zur Wahrung der Vertraulichkeit personenbezogener Daten. Die Grundsätze sind in Artikel 5 der Datenschutz-Grundverordnung festgelegt. Eine unbefugte Verarbeitung personenbezogener Daten ist demnach untersagt.

Wir möchten Sie darauf hinweisen, dass Verstöße gegen die Wahrung der Vertraulichkeit mit Freiheits- oder Geldstrafe geahndet werden können. Darüber hinaus kann ein Verstoß gegen die Wahrung der Vertraulichkeit zugleich eine Verletzung Ihrer Verpflichtungen aus dem Arbeitsvertrag darstellen.

Diese Verpflichtung zur Wahrung der Vertraulichkeit besteht auch nach dem Ende des Arbeitsverhältnisses fort.

Zum Zeichen Ihres Einverständnisses:

......................, den ....
(Ort) (Datum)

....
Unterschrift Mitarbeiter

Empfangsbestätigung:

Eine Ausfertigung dieser Verpflichtungserklärung habe ich erhalten, ebenso das Merkblatt des Unternehmens mit den entsprechenden gesetzlichen Vorschriften (Artikel 5, 32 Abs. 4 und 83 Abs. 4 DS-GVO sowie §§ 42, 43 BDSG).

......................, den ....
(Ort) (Datum)

....
Unterschrift Mitarbeiter

Anlage gemäß § 2 Abs. 1 Nr. 14 des Nachweisgesetzes[35]

zum Arbeitsvertrag zwischen

der X-GmbH, ..., und

Herrn Y, wohnhaft ....

Wesentliche Punkte des bei einer Kündigung einzuhaltenden Verfahrens

Zum 01.08.2022 ist das „Gesetz zur Umsetzung der Richtlinie über transparente und vorhersehbare Arbeitsbedingungen" in Kraft getreten. Vor diesem Hintergrund informiert das Unternehmen über wesentliche Punkte des bei einer Kündigung einzuhaltenden Verfahrens. Zweck der Unterlage ist ausschließlich die Information der Mitarbeiterin bzw. des Mitarbeiters. Ansprüche werden dadurch nicht begründet. Die Unterlage gibt den zum Zeitpunkt der Vertragsunterzeichnung aktuellen Stand wieder.

Es wird ferner darauf hingewiesen, dass es für verschiedene besondere Fallkonstellationen weitergehende Regelungen geben kann (z. B. Schwangerschaft, Schwerbehinderung, Massenentlassungen oder Betriebsänderungen, Teilzeit bzw. Befristung, um nur einige zu nennen). Aus verständlichen Gründen orientiert sich diese Informationsunterlage am „Normalfall" einer Arbeitgeber- oder Arbeitnehmerkündigung, sämtliche denkbaren Konstellationen können im Rahmen der allgemeinen Information hier nicht abgebildet werden.

Vorschriften im Bürgerlichen Gesetzbuch (Auszug)

Ergänzender Hinweis vorab zur Information zum Thema Kündigungsfrist: Die im Gesetz vorgesehene Kündigungsfrist ist eine „Mindestkündigungsfrist." Auf das Arbeitsverhältnis findet grundsätzlich die vertragliche Kündigungsfrist Anwendung, sofern diese länger ist als die gesetzliche. Die gesetzliche Kündigungsfrist wird relevant im Falle einer Verlängerung dieser Frist über die vertragliche hinaus aufgrund längerer Betriebszugehörigkeit.

§ 622 Kündigungsfristen bei Arbeitsverhältnissen (Auszug)

(1) Das Arbeitsverhältnis eines Arbeiters oder eines Angestellten (Arbeitnehmers) kann mit einer Frist von vier Wochen zum Fünfzehnten oder zum Ende eines Kalendermonats gekündigt werden.

---

35 Allgemein zur Notwendigkeit einer entsprechenden Information s. Teil 1 „Generelle Überlegungen und Ausgangssituation", dort Ziffer 7.4. Die Neufassung des Nachweisgesetzes zum 01.08.2022 fordert *„die Information (über) das bei der Kündigung des Arbeitsverhältnisses von Arbeitgeber und Arbeitnehmer einzuhaltende Verfahren, mindestens das Schriftformerfordernis und die Fristen für die Kündigung des Arbeitsverhältnisses, sowie die Frist zur Erhebung einer Kündigungsschutzklage."* Es wird empfohlen, diese Information außerhalb des eigentlichen Vertragstextes in Form einer separaten Anlage, die allerdings zu unterzeichnen ist, zur Verfügung zu stellen.

(2) Für eine Kündigung durch den Arbeitgeber beträgt die Kündigungsfrist, wenn das Arbeitsverhältnis in dem Betrieb oder Unternehmen

1. zwei Jahre bestanden hat, einen Monat zum Ende eines Kalendermonats,
2. fünf Jahre bestanden hat, zwei Monate zum Ende eines Kalendermonats,
3. acht Jahre bestanden hat, drei Monate zum Ende eines Kalendermonats,
4. zehn Jahre bestanden hat, vier Monate zum Ende eines Kalendermonats,
5. zwölf Jahre bestanden hat, fünf Monate zum Ende eines Kalendermonats,
6. 15 Jahre bestanden hat, sechs Monate zum Ende eines Kalendermonats,
7. 20 Jahre bestanden hat, sieben Monate zum Ende eines Kalendermonats.

(3) Während einer vereinbarten Probezeit, längstens für die Dauer von sechs Monaten, kann das Arbeitsverhältnis mit einer Frist von zwei Wochen gekündigt werden.

(4) …

§ 623 Schriftform der Kündigung

Die Beendigung von Arbeitsverhältnissen durch Kündigung oder Auflösungsvertrag bedürfen zu ihrer Wirksamkeit der Schriftform; die elektronische Form ist ausgeschlossen.

Vorschriften im Kündigungsschutzgesetz (Auszug)

§ 1 Sozial ungerechtfertigte Kündigungen (Auszug)

(1) Die Kündigung des Arbeitsverhältnisses gegenüber einem Arbeitnehmer, dessen Arbeitsverhältnis in demselben Betrieb oder Unternehmen ohne Unterbrechung länger als sechs Monate bestanden hat, ist rechtsunwirksam, wenn sie sozial ungerechtfertigt ist.

(2) Sozial ungerechtfertigt ist die Kündigung, wenn sie nicht durch Gründe, die in der Person oder in dem Verhalten des Arbeitnehmers liegen, oder durch dringende betriebliche Erfordernisse, die einer Weiterbeschäftigung des Arbeitnehmers in diesem Betrieb entgegenstehen, bedingt ist.

…

Der Arbeitgeber hat die Tatsachen zu beweisen, die die Kündigung bedingen.

(3) Ist einem Arbeitnehmer aus dringenden betrieblichen Erfordernissen im Sinne des Absatzes 2 gekündigt worden, so ist die Kündigung trotzdem sozial ungerechtfertigt, wenn der Arbeitgeber bei der Auswahl des Arbeitnehmers die Dauer der Betriebszugehörigkeit, das Lebensalter, die Unterhaltspflichten und die Schwerbehinderung des Arbeitnehmers nicht oder nicht ausreichend berücksichtigt hat; auf Verlangen des Arbeitnehmers hat der Arbeitgeber dem Arbeitnehmer die Gründe anzugeben, die zu der getroffenen sozialen Auswahl geführt haben. In die soziale Auswahl nach Satz 1 sind Arbeitnehmer nicht einzubeziehen, deren Weiterbeschäftigung, insbesondere wegen ihrer Kenntnisse, Fähigkeiten und Leistungen oder zur Sicherung einer ausgewogenen Personalstruktur des Betriebes, im berechtigten betrieblichen Interesse liegt. Der Arbeitnehmer hat die Tatsachen zu beweisen, die die Kündigung als sozial ungerechtfertigt im Sinne des Satzes 1 erscheinen lassen.

§ 4 Anrufung des Arbeitsgerichts (Auszug)

Will ein Arbeitnehmer geltend machen, dass eine Kündigung sozial ungerechtfertigt oder aus anderen Gründen rechtsunwirksam ist, so muss er innerhalb von drei Wochen nach Zugang der schriftlichen Kündigung Klage beim Arbeitsgericht auf Feststellung erheben, dass das Arbeitsverhältnis durch die Kündigung nicht aufgelöst ist. Im Falle des § 2 ist die Klage auf Feststellung zu erheben, dass die Änderung der Arbeitsbedingungen sozial ungerechtfertigt oder aus anderen Gründen rechtsunwirksam ist.

...

§ 5 Zulassung verspäteter Klagen

(1) War ein Arbeitnehmer nach erfolgter Kündigung trotz Anwendung aller ihm nach Lage der Umstände zuzumutenden Sorgfalt verhindert, die Klage innerhalb von drei Wochen nach Zugang der schriftlichen Kündigung zu erheben, so ist auf seinen Antrag die Klage nachträglich zuzulassen. Gleiches gilt, wenn eine Frau von ihrer Schwangerschaft aus einem von ihr nicht zu vertretenden Grund erst nach Ablauf der Frist des § 4 S. 1 Kenntnis erlangt hat.

(2) Mit dem Antrag ist die Klageerhebung zu verbinden; ist die Klage bereits eingereicht, so ist auf sie im Antrag Bezug zu nehmen. Der Antrag muss ferner die Angabe der die nachträgliche Zulassung begründenden Tatsachen und der Mittel für deren Glaubhaftmachung enthalten.

(3) Der Antrag ist nur innerhalb von zwei Wochen nach Behebung des Hindernisses zulässig. Nach Ablauf von sechs Monaten, vom Ende der versäumten Frist an gerechnet, kann der Antrag nicht mehr gestellt werden.

(4) Das Verfahren über den Antrag auf nachträgliche Zulassung ist mit dem Verfahren über die Klage zu verbinden. Das Arbeitsgericht kann das Verfahren zunächst auf die Verhandlung und Entscheidung über den Antrag beschränken. In diesem Fall ergeht die Entscheidung durch Zwischenurteil, das wie ein Endurteil angefochten werden kann.

(5) Hat das Arbeitsgericht über einen Antrag auf nachträgliche Klagezulassung nicht entschieden oder wird ein solcher Antrag erstmals vor dem Landesarbeitsgericht gestellt, entscheidet hierüber die Kammer des Landesarbeitsgerichts. Abs. 4 gilt entsprechend.

§ 6 Verlängerte Anrufungsfrist

Hat ein Arbeitnehmer innerhalb von drei Wochen nach Zugang der schriftlichen Kündigung im Klagewege geltend gemacht, dass eine rechtswirksame Kündigung nicht vorliege, so kann er sich in diesem Verfahren bis zum Schluss der mündlichen Verhandlung erster Instanz zur Begründung der Unwirksamkeit der Kündigung auch auf innerhalb der Klagefrist nicht geltend gemachte Gründe berufen. Das Arbeitsgericht soll ihn hierauf hinweisen.

§ 7 Wirksamwerden der Kündigung

Wird die Rechtsunwirksamkeit einer Kündigung nicht rechtzeitig geltend gemacht (§ 4 S. 1, §§ 5 und 6), so gilt die Kündigung als von Anfang an rechtswirksam; ein vom Arbeitnehmer nach § 2 erklärter Vorbehalt erlischt.

Diese Informationsunterlage ist Bestandteil des Arbeitsvertrages und wurde dem Mitarbeiter am . . . . ausgehändigt.

. . . ., den . . . .
(Ort) (Datum)

. . . .
Unterschrift Unterschrift

Muster Nr. 3: Arbeitsvertrag für leitende Angestellte

Verträge für leitende Angestellte sind – arbeitsrechtlich – insbesondere vor dem Hintergrund zu sehen, dass für diesen Personenkreis wesentliche Bestimmungen aus Arbeitnehmerschutzgesetzen keine oder nur eingeschränkt Anwendung finden. Als Beispiele seien hier nur aufgeführt das Arbeitszeitgesetz, Teile des Kündigungsschutzgesetzes oder das Betriebsverfassungsgesetz. Aufgrund dieses Umstandes sind einige Klauseln des Vertragstextes anzupassen.

Ein weiterer Unterschied in den Beschäftigungsbedingungen – eher personalpolitischer Natur – ist der Umstand, dass diesem Personenkreis im Regelfall ergänzend zum eigentlichen Arbeitsentgelt weitergehende Nebenleistungen angeboten werden. Beispiele hierfür sind Dienstwagen auch zur privaten Nutzung, Unfallversicherungen oder längere Entgeltfortzahlungszeiträume für den Krankheitsfall. Aus Sicht des Unternehmens ist es empfehlenswert, diese zusätzlichen Leistungen nicht abschließend im Arbeitsvertrag zu regeln. Sinnvoller ist ein Hinweis im Vertrag auf die jeweils geltende betriebliche Regelung des betreffenden Sachverhalts und die Aushändigung einer entsprechenden Informationsunterlage. Denkbar ist auch die Information über entsprechende Leistungen in einem gesonderten Anschreiben an die betreffenden Mitarbeiterinnen und Mitarbeiter. Im folgenden Mustertext sind beispielhaft zwei solcher Zusatzleistungen aufgeführt: ein Zuschuss zum Krankengeld nach Ablauf der sechswöchigen Entgeltfortzahlung (vollständig ausformuliert im Vertrag), und die Überlassung eines Dienstwagens auch zur privaten Nutzung (mit einem Verweis auf die betreffende Dienstwagenregelung).

Eine mögliche Bonus- bzw. Tantieme-Regelung ist informatorisch im Text nach Ziffer 4.2 aufgeführt.

Die X-GmbH ... [Name und Anschrift]

– nachfolgend „Unternehmen"

und Frau Y, wohnhaft ... [Name und Anschrift]

– nachfolgend „Mitarbeiterin"

schließen nachfolgenden

ARBEITSVERTRAG

ab:

1. Beginn des Arbeitsverhältnisses, Art und Ort der Tätigkeit

1.1 Die Mitarbeiterin wird für das Unternehmen als .... [Art der Tätigkeit] am Standort .... [Ort des Betriebes] tätig.

In dieser Funktion ist Frau .... leitende Angestellte des Unternehmens.[36]

1.2 Das Arbeitsverhältnis beginnt am ....

1.3 Die ersten sechs Monate gelten als Probezeit.

2. Übertragung anderer Tätigkeit

2.1 Das Unternehmen behält sich vor, der Mitarbeiterin andere Aufgaben zu übertragen, die ihren Fähigkeiten und Kenntnissen entsprechen und die mindestens gleichwertig sind. Dies schließt Tätigkeiten in anderen als den in Ziffer 1 genannten Betrieben des Unternehmens ein.

Die Einordnung einer ggfs. übertragenen neuen Funktion als „leitend" richtet sich nach den gesetzlichen Bestimmungen.

2.2 Die Mitarbeiterin ist darüber hinaus bereit, bei einer anderen zum Unternehmen gehörenden Gesellschaft tätig zu werden, sofern die übernehmende Gesellschaft in alle Rechte und Pflichten dieses Vertrages eintritt.

3. Arbeitszeit

3.1 Die Dauer der Arbeitszeit richtet sich nach den Anforderungen der wahrgenommenen Funktion (aufgabenorientierte Arbeitszeit).

3.2 Eventuelle über die betriebsübliche Arbeitszeit hinausgehende Arbeitszeiten sind mit der Vergütung abgegolten.

4. Vergütung

4.1 Als Vergütung für die Tätigkeit wird ein jährliches Grundentgelt in Höhe von

... € brutto

vereinbart, zahlbar in zwölf gleichen Monatsbeträgen. Der sich daraus ergebende Nettobetrag wird jeweils am Ende eines Kalendermonats auf ein anzugebendes Gehaltskonto überwiesen.

Im Falle der Übertragung höherwertiger Aufgaben (s. Ziffer 2.1) wird das Monatsentgelt mit Wirkung ab Aufnahme der neuen Tätigkeit entsprechend angepasst.

4.2 Zusätzlich zu den monatlichen Bezügen erhält die Mitarbeiterin eine jährliche erfolgsabhängige Vergütung nach Maßgabe der für vergleichbare Mitarbeiterinnen und Mitarbeiter jeweils geltenden Regelung des Unternehmens.

36 Die rechtliche Einordnung als leitende Angestellte ist unabhängig von einer entsprechenden vertraglichen Bezeichnung. Entscheidend ist, ob die gesetzlichen Voraussetzungen gemäß § 5 Absätze 3 und 4 BetrVG vorliegen. In der Praxis kommt es durchaus vor, dass der Status „Leitende Angestellte" aus personalpolitischen Gründen verliehen wird, ohne dass die jeweiligen rechtlichen Voraussetzungen dafür gegeben sind. Das ist zunächst unproblematisch, kann im Konfliktfall jedoch dazu führen, dass entsprechende Statusfragen vorab zu klären sind, beispielsweise bei Kündigungen (z. B. Zuständigkeit des Betriebsrats oder Notwendigkeit der Begründung eines Auflösungsantrags) oder aber bei der Frage nach der Geltung von Betriebsvereinbarungen.

→ **Hinweis**

An dieser Stelle sind verschiedene Modelle denkbar. Welche Art der erfolgsabhängigen Vergütung sich für das jeweilige Unternehmen und die einzelne Funktion empfiehlt, kann nur nach sorgfältiger Prüfung aller Umstände im Einzelfall festgestellt werden. Aus Sicht des Unternehmens ist es sinnvoll, die Einzelheiten nicht im Vertrag zu regeln, sondern im Wege einer allgemeinen, separaten Regelung für diesen Mitarbeiterkreis (ist der Mitarbeiterin gesondert auszuhändigen). Die nachfolgende Regelung ist ein Beispiel und mag insofern als Überlegungshilfe dienen – mehr nicht!

„Die jährliche erfolgsabhängige Vergütung beträgt zwischen 0 % und 50 % des jährlichen Grundentgelts.

Für das voraussichtliche Geschäftsergebnis des Unternehmens im laufenden Jahr werden bis zu 25 % gewährt; die restlichen 0 – 25 % werden in Abhängigkeit von der persönlichen Leistung gezahlt. Entsprechende Zielvereinbarungen – möglichst mit messbaren Kenngrößen – werden rechtzeitig vor Beginn des jeweiligen Geschäftsjahres definiert.

Die Höhe der erfolgsabhängigen Vergütung verringert sich um 1/12 für jeden vollen Kalendermonat, in dem das Arbeitsverhältnis in dem betreffenden Kalenderjahr entweder ruht oder die Mitarbeiterin arbeitsunfähig ist. Für eine solche Verringerung der Vergütung werden jedoch nur Zeiträume außerhalb einer gesetzlichen Entgeltfortzahlungspflicht berücksichtigt.

Im Ein- oder Austrittsjahr erhalten Mitarbeiterinnen und Mitarbeiter den nach Maßgabe der obigen Bestimmungen ermittelten Betrag anteilig (1/12 für jeden vollen Kalendermonat des Bestehens des Arbeitsverhältnisses).

Die erfolgsabhängige Vergütung kommt gleichzeitig mit den Bezügen für den Monat April des Folgejahres zur Auszahlung."

5. Dienstwagen

Die Mitarbeiterin erhält vom Unternehmen gemäß der jeweils geltenden Dienstwagen-Richtlinie einen Dienstwagen zur dienstlichen und privaten Nutzung zur Verfügung gestellt. Für die private Nutzung anfallende Steuern sind von der Mitarbeiterin zu tragen.

6. Rückzahlung zu viel erhaltener Leistungen

Das Unternehmen kann Überzahlungen und sonstige Leistungen, die zu viel gewährt wurden, von der Mitarbeiterin nach den Grundsätzen des allgemeinen Bereicherungsrechts zurückfordern. Die Mitarbeiterin kann sich hierbei nicht auf einen möglichen Wegfall der Bereicherung berufen, wenn die Zuvielleistung auf Umständen beruht, die von ihr zu vertreten sind, oder wenn sie den Fehler hätte erkennen müssen.

7. Arbeitsverhinderung

7.1 Die Mitarbeiterin ist verpflichtet, jede Arbeitsverhinderung unverzüglich mitzuteilen. Grund und voraussichtliche Dauer sind dabei anzugeben.

7.2 Im Krankheitsfall gilt ergänzend: Dauert die Arbeitsverhinderung mehr als ...[37] Kalendertage, ist die Mitarbeiterin verpflichtet, die Arbeitsunfähigkeit spätestens am darauffolgenden Arbeitstag durch Vorlage einer ärztlichen Bescheinigung nachzuweisen. Das Unternehmen ist berechtigt, die Vorlage der ärztlichen Bescheinigung früher zu verlangen. Für Mitarbeiterinnen und Mitarbeiter, die im Rahmen ihrer gesetzlichen Krankenversicherung behandelt werden, gilt abweichend hiervon: die Vorlage der ärztlichen Bescheinigung erfolgt durch den behandelnden Arzt per eAU an die betreffende Krankenkasse.

7.3 Dauert die krankheitsbedingte Arbeitsunfähigkeit länger als ursprünglich mitgeteilt, ist das Unternehmen unverzüglich über die Verlängerung zu informieren und unverzüglich eine ärztliche Folgebescheinigung vorzulegen bzw. – im Falle einer gesetzlichen Versicherung – die Weiterleitung per eAU an die Krankenkasse entsprechend zu veranlassen.

8. Entgeltfortzahlung bei Arbeitsunfähigkeit und im Todesfall

8.1 Bei unverschuldeter Arbeitsunfähigkeit infolge von Krankheit erhält die Mitarbeiterin die vereinbarten Bezüge im Rahmen der jeweils geltenden gesetzlichen Bestimmungen weiter gewährt.[38]

8.2 Nach Ablauf der gesetzlichen Entgeltfortzahlung erhält die Mitarbeiterin für weitere 46[39] Wochen einen Zuschuss zum Krankengeld in Höhe der Differenz zwischen Krankengeld und dem monatlichen Nettoeinkommen. Sofern die Mitarbeiterin privat krankenversichert ist, errechnet sich der Zuschuss aus der Differenz zwischen dem Betrag, den die Techniker Krankenkasse als Krankengeld bezahlen würde, und dem monatlichen Nettoeinkommen. Der sich aus dem Zuschuss für die Mitarbeiterin ergebende Vorteil ist von dieser zu versteuern.

Der Krankengeldzuschuss ist eine freiwillige Leistung des Unternehmens; er entfällt, soweit anderweitige Entgeltersatzleistungen oder Anspruch auf Rente wegen Alters, Erwerbs- oder Berufsunfähigkeit (auch vorgezogene Altersrenten) geltend gemacht werden können.

37 Das Gesetzt normiert als Regelfall die Verpflichtung zur Vorlage einer ärztlichen Bescheinigung, wenn die Arbeitsunfähigkeit länger als drei Kalendertage dauert, am darauffolgenden Arbeitstag. Der Arbeitgeber ist jedoch berechtigt, die Vorlage einer ärztlichen Bescheinigung früher zu verlangen – bereits für den (und falls technisch möglich am) ersten Tag der Arbeitsunfähigkeit. In Verträgen leitender Angestellter ist eine von vornherein bestehende frühere Vorlagepflicht eher nicht üblich.

38 Die ersten vier Wochen des Arbeitsverhältnisses gelten als Wartezeit ohne Anspruch auf Entgeltfortzahlung im Krankheitsfall. Ist die Wartezeit erfüllt, beträgt die Entgeltfortzahlung im Krankheitsfall bis zu sechs Wochen.

39 Freiwillige Leistung des Unternehmens, insbesondere für Führungskräfte häufig vorgesehen. Einschließlich der 6-wöchigen Entgeltfortzahlung wird damit ein Zeitraum von einem Jahr abgesichert.

8.3 Im Falle des Todes erhalten die Erben oder unterhaltsberechtigte Angehörige die vereinbarten Bezüge für den Sterbemonat sowie für ...[40] weitere Monate fortgezahlt. Die Auszahlung erfolgt als Einmalbetrag.

Es bleibt dem Unternehmen überlassen, an welche Erben oder unterhaltsberechtigte Personen diese Bezüge ausbezahlt werden.

9. Bezahlte Arbeitsversäumnisse[41]

Bei notwendigen, unverschuldeten Arbeitsversäumnissen gewährt das Unternehmen bezahlte Freistellung von der Arbeit in folgenden, abschließend aufgezählten Fällen:

– Tod des Ehegatten	3 Arbeitstage
– Tod eigener Kinder sowie von Stief-/Adoptivkindern	2 Arbeitstage
– Eigene Eheschließung	2 Arbeitstage
– Geburt eines leiblichen Kindes	1 Arbeitstag
– Tod eines Eltern- oder Schwiegerelternteils	1 Arbeitstag
– Tod von Geschwistern/Halbgeschwistern	1 Arbeitstag
– Teilnahme an der Trauung eigener Kinder oder Adoptivkinder	1 Arbeitstag
– Wohnungswechsel, sofern ein eigener Hausstand besteht	1 Arbeitstag

10. Dienstreisen

Für die Durchführung von Dienstreisen sowie die Erstattung dadurch entstehender Kosten gelten die jeweiligen betrieblichen Regelungen.

11. Erholungsurlaub

A: Gesetzlicher Urlaubsanspruch

11.1 Gemäß der derzeit gültigen gesetzlichen Regelung hat die Mitarbeiterin Anspruch auf einen gesetzlichen Mindesturlaub von 20 Werktagen (bezogen auf eine 5-Tage-Woche) pro Kalenderjahr. Im Falle einer zukünftigen gesetzlichen Änderung gilt die jeweils geltende gesetzliche Regelung für das Arbeitsverhältnis. Im Übrigen gilt das Bundesurlaubsgesetz in seiner jeweils geltenden Fassung.

---

40 Regelung kommt in der Praxis häufig vor; es handelt sich um eine freiwillige Leistung. Möglich ist eine Abstufung in Abhängigkeit von der Unternehmenszugehörigkeit, z. B. grundsätzlich für einen Monat, nach fünf Jahren Zugehörigkeit für zwei Monate, nach zehn Jahren für drei Monate.

41 Der Vergütungsanspruch bei unverschuldeter Arbeitsverhinderung durch persönliche Gründe (bezahlte Arbeitsversäumnisse) ist im Gesetz nur allgemein geregelt (§ 616 BGB). Diese gesetzliche Regelung kann durch den Arbeitsvertrag konkretisiert und sogar ganz ausgeschlossen werden. Die hier als Beispiele dargestellten Sachverhalte finden sich in vielen tariflichen und betrieblichen Vereinbarungen. Für den jeweiligen Arbeitsvertrag können weitere Freistellungen aufgenommen oder einzelne der Beispiele herausgenommen werden. Sofern bezahlte Arbeitsversäumnisse im konkreten Arbeitsvertrag nicht geregelt werden sollen, kann der Passus ersatzlos entfallen.

B: Zusätzlicher vertraglicher Urlaub

11.2 Das Unternehmen gewährt der Mitarbeiterin zusätzlich zu dem gesetzlichen Mindesturlaub einen vertraglichen Urlaub von weiteren zehn Arbeitstagen pro Kalenderjahr, bezogen auf eine 5-Tage-Woche. Sofern der gesetzliche Mindesturlaub erhöht wird, behält sich das Unternehmen vor, den vertraglichen Urlaubsanspruch entsprechend zu reduzieren. Das Bundesurlaubsgesetz findet keine Anwendung.

Im Ein- und Austrittsjahr wird der vertragliche Zusatzurlaub anteilig mit 1/12 für jeden vollen Kalendermonat des Bestehens des Arbeitsverhältnisses gewährt (pro rata). Bruchteile von Urlaubstagen werden mit einer Dezimalstelle nach dem Komma kaufmännisch gerundet. Das Unternehmen behält sich vor, eventuell zu viel gewährten Urlaub im Austrittsjahr mit noch bestehenden Entgeltansprüchen der Mitarbeiterin zu verrechnen, soweit dies rechtlich zulässig ist. Endet das Arbeitsverhältnis durch Tod der Mitarbeiterin, erfolgt keine Abgeltung von eventuell noch nicht gewährtem vertraglichen Zusatzurlaub.

Eine Übertragung des zusätzlichen vertraglichen Urlaubs auf das Folgejahr ist nur aus betrieblichen oder dringenden persönlichen Gründen der Mitarbeiterin möglich, höchstens bis zum 31.03. des Folgejahres. Hierzu bedarf es der vorhergehenden schriftlichen Genehmigung durch das Unternehmen. Nach dem 31.03. verfallen nicht genommene Urlaubsansprüche aus dem Vorjahr ersatzlos, egal aus welchem Grund. Eine Abgeltung findet in diesem Fall nicht statt.

C: Allgemeine Bestimmungen für den gesetzlichen und vertraglichen Urlaub

11.3 Bei der Beantragung und Gewährung von Urlaub gilt folgende Rangfolge:

Zunächst ist ggfs. noch bestehender Resturlaub aus dem Vorjahr zu beantragen und zu gewähren; danach folgt der gesetzliche Urlaubsanspruch. Nur wenn weder Resturlaub noch gesetzliche Urlaubsansprüche mehr bestehen, kann der zusätzliche vertragliche Urlaub beantragt und gewährt werden.

11.4 Der Urlaub soll möglichst zusammenhängend beantragt und gewährt werden. Er ist grundsätzlich vollständig im laufenden Kalenderjahr zu gewähren bzw. zu nehmen.

11.5 Die Mitarbeiterin kann Urlaub erst dann antreten, wenn dieser vom Unternehmen genehmigt oder festgelegt ist.

11.6 Im Übrigen gelten die jeweiligen betrieblichen Urlaubsregelungen.

12. Nebentätigkeit

12.1 Die Mitarbeiterin verpflichtet sich, jede bei Vertragsabschluss beabsichtigte oder bereits ausgeübte Nebentätigkeit mitzuteilen.

12.2 Die nach Vertragsabschluss beabsichtigte Aufnahme einer Nebentätigkeit ist dem Unternehmen rechtzeitig – vor Eingehen einer entsprechenden Verpflichtung – mitzuteilen.

12.3 Die Aufnahme einer Nebentätigkeit ist nicht zulässig und kann vom Unternehmen untersagt werden, wenn

- eine Konkurrenzsituation zur [*X-GmbH*] oder mit ihr verbundener Unternehmen entstehen würde,

- die ordnungsgemäße Erfüllung der Pflichten aus dem Arbeitsverhältnis mit dem Unternehmen gefährdet wäre oder
- sonstige berechtigte Interessen des Unternehmens beeinträchtigt sein können.

12.4 Entsprechendes gilt für eine tätige Beteiligung an einem anderen Unternehmen sowie für Ehrenämter oder ähnliche Funktionen bei fremden Unternehmen beziehungsweise bei wirtschaftlichen Verbänden und Organisationen.

13. Geheimhaltung/Herausgabe von Unterlagen

13.1 Die Mitarbeiterin verpflichtet sich, über erlangte Geschäfts- und Betriebsgeheimnisse sowie über alle als vertraulich gekennzeichneten Angelegenheiten Stillschweigen zu wahren. Dies gilt auch gegenüber Mitarbeiterinnen und Mitarbeitern des Unternehmens, soweit diese Personen nicht im Rahmen ihrer Aufgaben zur Kenntnisnahme befugt sind. Die Mitarbeiterin verpflichtet sich ferner, Informationen aus dem geschäftlichen Bereich nicht für private Zwecke auszuwerten und keine Aufzeichnungen oder Vervielfältigungen zum privaten Gebrauch anzufertigen.

Dies gilt sinngemäß für Angelegenheiten von mit der [*X-GmbH*] verbundenen Unternehmen.

13.2 Die Verpflichtung gemäß Ziffer 13.1 gilt auch nach Beendigung des Arbeitsverhältnisses fort.

13.3 Die Mitarbeiterin verpflichtet sich, alle ihre dienstliche Tätigkeit betreffenden Unterlagen, Abbildungen, Muster und dergleichen als ihr anvertrautes, ausschließliches Eigentum des Unternehmens zu behandeln. Sie wird dafür sorgen, dass solche Unterlagen sowie davon angefertigte Aufzeichnungen oder Vervielfältigungen weder ganz noch teilweise zur Kenntnis Unbefugter gelangen. Die Mitarbeiterin wird auf Verlangen jederzeit, bei Beendigung des Arbeitsverhältnisses unaufgefordert alle Unterlagen ihrer Vorgesetzten oder ihrem Vorgesetzten aushändigen und dabei kein Zurückbehaltungsrecht geltend machen.

14. Wahrung von Unternehmensinteressen

14.1 Die Mitarbeiterin ist verpflichtet, dem Unternehmen sämtliche Beteiligungen (z. B. Aktienbesitz) an Kunden, Wettbewerbern oder Lieferanten des Unternehmens mitzuteilen, sofern diese Verbindungen die Besorgnis der Befangenheit begründen könnten. Dies gilt auch für sonstige Geschäftsverbindungen, sofern dadurch Interessen des Unternehmens beeinträchtigt sein könnten.

14.2 Die Mitarbeiterin ist im Rahmen ihrer Tätigkeit ferner verpflichtet, das Unternehmen vor Abschluss solcher Geschäfte zu informieren, bei denen sie oder nahe Angehörige in einer Beziehung zu dem möglichen Vertragspartner stehen, aufgrund derer die Besorgnis der Befangenheit bestehen könnte.

15. Arbeitsergebnisse

Die Mitarbeiterin verpflichtet sich, dem Unternehmen die Ergebnisse ihrer dienstlichen Tätigkeiten einschließlich aller Verbesserungsmöglichkeiten mitzuteilen. Alle Ergebnisse der dienstlichen Arbeiten stehen ausschließlich dem Unternehmen zu.

Nutzungs- und Verwertungsrechte – auch für unter das Urheberrecht fallende Leistungen (inklusive Computerprogramme) – gehen mit der Entstehung der Arbeitsergebnisse auf das Unternehmen über. Das Unternehmen erhält damit das ausschließliche und uneingeschränkte Nutzungsrecht für alle bekannten und neuen Nutzungsarten. Die Mitarbeiterin wird an der Wahrung der sich daraus für das Unternehmen ergebenden Rechte mitwirken und alle vom Unternehmen dafür als notwendig erachteten Maßnahmen ergreifen.

Alle Ansprüche für den Übergang der obigen Rechte auf das Unternehmen sind durch die Bezüge abgegolten. Weitergehende betriebliche Regelungen bleiben hiervon unberührt.

Die vorstehende Regelung behält auch nach dem Ende des Arbeitsverhältnisses ihre Gültigkeit.

Für schutzfähige Erfindungen und Gebrauchsmuster gelten im Übrigen die gesetzlichen Bestimmungen in ihrer jeweils gültigen Fassung.

16. Vertragsstrafe[42]

16.1 Nimmt die Mitarbeiterin die vereinbarte Tätigkeit nicht oder verspätet auf und trifft sie dabei ein Verschulden, erklärt sie sich bereit, eine Vertragsstrafe an das Unternehmen zu zahlen. Die Höhe der Vertragsstrafe beträgt für jeden Arbeitstag der verspäteten Arbeitsaufnahme ein durchschnittliches Tagesentgelt (brutto), insgesamt höchstens ein Brutto-Monatsentgelt. Als durchschnittliches Tagesentgelt gilt das Monatsentgelt geteilt durch 21. Für den Fall des Nichtantritts der Tätigkeit beträgt die Vertragsstrafe ein Brutto-Monatsentgelt.[43]

16.2 Beendet die Mitarbeiterin die Tätigkeit vor Ablauf der Probezeit vertragswidrig, so hat sie eine Vertragsstrafe in Höhe eines Brutto-Monatsentgelts an das Unternehmen zu zahlen.

16.3 Beendet die Mitarbeiterin die Tätigkeit nach Ablauf der Probezeit vertragswidrig, so hat sie eine Vertragsstrafe in Höhe von einem Brutto-Monatsentgelt an das Unternehmen zu zahlen.

16.4 Die Möglichkeit des Unternehmens, einen weitergehenden Schaden geltend zu machen, bleibt davon unberührt.

42 Ob die Aufnahme dieses Abschnitts aus personalpolitischer Sicht sinnvoll ist, kann nur unter Berücksichtigung der Situation des jeweiligen Unternehmens und des betreffenden Arbeitsverhältnisses beurteilt werden. Außer den angesprochenen Fällen finden sich in der Praxis unter anderem auch noch Vertragsstrafen-Regelungen bei unentschuldigter Arbeitsversäumnis oder Verstoß gegen Geheimhaltungsverpflichtungen.

43 Die Höhe der Vertragsstrafe für den Fall des Nichtantritts entspricht im vorliegenden Fall annähernd dem Verdienst während der Kündigungsfrist in der Probezeit (das Bundesarbeitsgericht hält eine Vertragsstrafe in Höhe eines Monatsverdienstes bei einer Kündigungsfrist von vier Wochen für zulässig).

17. Vertragsdauer, Beendigung

17.1 Das Arbeitsverhältnis endet, ohne dass es einer Kündigung bedarf, mit Ablauf des Monats, in dem die Mitarbeiterin die Regelaltersgrenze der gesetzlichen Rentenversicherung erreicht.[44]

17.2 Ordentliche Kündigung

Während der Probezeit kann das Arbeitsverhältnis beiderseits mit einer Frist von vier Wochen zum Fünfzehnten oder zum Ende eines Kalendermonats gekündigt werden. Vor Beginn der vereinbarten Arbeitsaufnahme ist eine Kündigung ausgeschlossen.

Nach Ablauf der Probezeit kann das Arbeitsverhältnis beiderseits mit einer Frist von drei Monaten zum Quartalsende[45] gekündigt werden. Darüber hinausgehende gesetzliche Verlängerungen der Kündigungsfrist aufgrund zunehmender Unternehmenszugehörigkeit gelten beiderseitig.

18. Freistellung von der Arbeitspflicht

Im Falle einer Kündigung ist das Unternehmen berechtigt, die Mitarbeiterin unter Fortzahlung der Bezüge unwiderruflich bis zum Ablauf der Kündigungsfrist von der Arbeit freizustellen. Die Freistellung wird auf eventuell noch vorhandene Urlaubsansprüche und sonstige Freistellungsansprüche angerechnet.

19. Information durch das Unternehmen: keine Geltung von Tarifverträgen

Das Unternehmen setzt die Mitarbeiterin hiermit davon in Kenntnis, dass das Unternehmen zum Zeitpunkt des Vertragsschlusses nicht tarifgebunden ist.

20. Ergänzende Information: Geltung von Betriebsvereinbarungen

Auf das Arbeitsverhältnis finden die für den jeweiligen Beschäftigungsbetrieb geltenden Betriebsvereinbarungen dann Anwendung, wenn der persönliche Geltungsbereich ausdrücklich auf leitende Angestellte erweitert ist.

---

44 Rechtlich zulässig ist auch die Vereinbarung, dass das Arbeitsverhältnis endet, sobald die Mitarbeiterin eine vorgezogene Altersrente beziehen kann, z. B. mit Vollendung des 63. Lebensjahres aufgrund langjähriger Versicherung. Diese Abrede wird jedoch nur wirksam, wenn sie innerhalb von drei Jahren vor dem vorgesehenen Ende des Arbeitsverhältnisses von der Mitarbeiterin bestätigt wird (Bestätigungsvorbehalt in § 41 SGB IV).
Nur der Vollständigkeit halber: in diesem Zusammenhang werden im arbeitsrechtlichen Schrifttum vereinzelt auch sog. „Rentenbezugsklauseln“ diskutiert, wonach das Arbeitsverhältnis – vor Erreichen der Regelaltersgrenze – enden soll, wenn tatsächlich eine Rente bezogen wird. Die Relevanz einer solchen Klausel insbesondere für kleinere Unternehmen halte ich für eher gering, auf die Vor- und Nachteile sowie die rechtliche Komplexität kann im Übrigen im vorgegebenen Rahmen nicht vertieft eingegangen werden.

45 Für Arbeitsverhältnisse leitender Angestellter wird normalerweise eine längere als die gesetzliche Kündigungsfrist vereinbart, um kurzfristige Vakanzen in für das Unternehmen wichtigen Positionen zu vermeiden. Dabei sind auch noch längere Fristen als hier angegeben verbreitet (zwischen sechs und zwölf Monaten).

21. Öffnungsklausel

21.1 Bezüglich Betriebsvereinbarungen oder Teilen von Betriebsvereinbarungen, die nach Abschluss dieses Vertrages abgeschlossen oder abgeändert werden und deren persönlicher Geltungsbereich auf leitende Angestellte erweitert wird, wird Folgendes vereinbart:

Für das Arbeitsverhältnis geltende Betriebsvereinbarungen haben Vorrang gegenüber individualrechtlichen Regelungen; dies gilt auch, wenn die individualrechtliche Regelung für die Mitarbeiterin günstiger wäre.

21.2 Ziffer 21.1 gilt auch im Falle eines Wechsels des Beschäftigungsbetriebes mit der Maßgabe, dass die für den neuen Beschäftigungsbetrieb geltenden Betriebsvereinbarungen mit entsprechendem persönlichen Geltungsbereich Vorrang gegenüber individualrechtlichen Regelungen haben.

22. Ausschlussfristen

22.1 Ansprüche aus dem Arbeitsverhältnis sind innerhalb von drei Monaten nach Fälligkeit in Textform geltend zu machen.

22.2 Lehnt die Gegenseite in Textform einen rechtzeitig geltend gemachten Anspruch ab, so ist dieser Anspruch innerhalb von drei Monaten nach Zugang der Ablehnung gerichtlich geltend zu machen.

Erfolgt keine entsprechende Stellungnahme der Gegenseite innerhalb von zwei Monaten, so ist der Anspruch ebenfalls gerichtlich geltend zu machen. Die Frist für die gerichtliche Geltendmachung in diesem Fall beträgt drei Monate und beginnt mit Ablauf der Frist für die Stellungnahme der Gegenseite.

22.3 Ansprüche, die nicht innerhalb dieser Zeiträume entsprechend geltend gemacht werden, verfallen.

22.4 Für folgende Ansprüche gelten die Ausschlussfristen gemäß Ziffern 22.1 bis 22.3 nicht:

- Ansprüche, die kraft Gesetzes einer Ausschlussfrist entzogen sind, beispielsweise nach dem Mindestlohngesetz oder solche im Zusammenhang mit Erholungsurlaub,
- Ansprüche aufgrund vorsätzlicher Pflichtverletzungen, sowie
- Ansprüche aufgrund einer Verletzung von Leben, Körper oder Gesundheit.

23. Verpflichtungserklärung zum Datenschutz[46]

Der Arbeitsvertrag wird nur wirksam, wenn die beigefügte „Verpflichtungserklärung zur Wahrung der Vertraulichkeit bei der Verarbeitung personenbezogener Daten" vom Mitarbeiter ebenfalls unterzeichnet wird.

46 Ein **Beispiel** einer Verpflichtungserklärung ist **am Ende des Vertragsmusters Nummer 2** angefügt.

24. Schlussbestimmungen

24.1 Die vereinbarten Arbeitsbedingungen sind vertraulich zu behandeln.

24.2 ...

......................, den ....
(Ort) (Datum)

....
Unterschrift Unterschrift

Anlage gemäß § 2 Abs. 1 Nr. 14 des Nachweisgesetzes[47]

zum Arbeitsvertrag zwischen

der X-GmbH, ..., und

Frau Y, wohnhaft ...

...

Der vollständige Text der „Anlage gemäß § 2 Abs. 1 Nr. 14 des Nachweisgesetzes" ist abgedruckt im Anschluss an das Vertragsmuster Nummer 2.

47 Allgemein zur Notwendigkeit einer entsprechenden Information s. Teil 1 „Generelle Überlegungen und Ausgangssituation", dort Ziffer 7.4. Die Neufassung des Nachweisgesetzes zum 01.08.2022 fordert *„die Information (über) das bei der Kündigung des Arbeitsverhältnisses von Arbeitgeber und Arbeitnehmer einzuhaltende Verfahren, mindestens das Schriftformerfordernis und die Fristen für die Kündigung des Arbeitsverhältnisses, sowie die Frist zur Erhebung einer Kündigungsschutzklage."* Dieses gesetzliche Erfordernis gilt auch für Arbeitsverträge von leitenden Angestellten.
Es wird empfohlen, diese Information außerhalb des eigentlichen Vertragstextes in Form einer separaten Anlage, die allerdings zu unterzeichnen ist, zur Verfügung zu stellen.

Muster Nr. 4: Wettbewerbsvereinbarung

Im bestehenden Arbeitsverhältnis ist es Arbeitnehmerinnen und Arbeitnehmern untersagt, in Konkurrenz zum Arbeitgeber zu treten. Ist das Arbeitsverhältnis beendet, steht es den ehemaligen Mitarbeiterinnen und Mitarbeitern grundsätzlich frei, im unmittelbaren Anschluss für ein Konkurrenzunternehmen tätig zu werden. Durch die Vereinbarung eines nachvertraglichen Wettbewerbsverbots kann seitens des Unternehmens vertraglich sichergestellt werden, dass für bis zu zwei Jahre nach dem Ende des Arbeitsverhältnisses eine Konkurrenztätigkeit unterbleibt. Voraussetzung für die Wirksamkeit einer solchen Vereinbarung ist allerdings, dass sich der Arbeitgeber gleichzeitig zur Zahlung einer sogenannten Karenzentschädigung verpflichtet. Wegen § 74 Abs. 1 HGB ist unbedingt darauf zu achten, dass die Aushändigung einer vom Unternehmen unterzeichneten Ausfertigung nachgewiesen werden kann (z. B. durch gesonderte Empfangsbekenntnis).

Das nachvertragliche Wettbewerbsverbot inklusive der Verpflichtung zur Entschädigung gilt grundsätzlich auch nach einem Ende des Arbeitsverhältnisses aufgrund eines Eintritts in den Ruhestand. Es ist deshalb rechtzeitig vor dem altersbedingten Ende des Arbeitsverhältnisses zu prüfen, ob die Vereinbarung des nachvertraglichen Wettbewerbsverbots auch über den Zeitpunkt der „Pensionierung“ hinaus aufrechterhalten werden soll.

Nachvertragliche Wettbewerbsverbote werden tendenziell eher mit Führungskräften und Mitarbeiterinnen und Mitarbeitern vereinbart, die Zugang zu Informationen haben, die für Wettbewerber von besonderem Interesse sind.

Die X-GmbH ... (Name und Anschrift)

– nachfolgend „Unternehmen"

und Herr Y, wohnhaft .... (Name und Anschrift)

– nachfolgend „Mitarbeiter"

schließen nachfolgende Vereinbarung über ein

NACHVERTRAGLICHES WETTBEWERBSVERBOT

ab:

1. Verzicht auf Wettbewerb

Der Mitarbeiter verpflichtet sich, für die Dauer von zwei[48] Jahren nach Ende des Arbeitsverhältnisses nicht in Wettbewerb zum Unternehmen zu treten, nach Maßgabe der nachfolgenden Bestimmungen:

---

48 Gesetzlich zulässige Höchstdauer; möglich ist auch die Vereinbarung eines kürzeren Zeitraums.

1.1 Als Wettbewerbstätigkeit gilt jede selbständige Tätigkeit sowie jede unselbständige oder sonstige Tätigkeit für ein Unternehmen, außerdem die Gründung eines Unternehmens sowie eine maßgebliche Beteiligung an einem Unternehmen, die eine Beeinflussung der Geschäftstätigkeit ermöglicht.

1.2 Als im Wettbewerb zum Unternehmen stehend gelten Unternehmen bzw. Tätigkeiten auf dem Gebiet . . . .[49]

1.3 Das Wettbewerbsverbot erstreckt sich räumlich auf das Gebiet . . . .[50]

2. Entschädigung

Für die Dauer des Wettbewerbsverbots nach Ende des Arbeitsverhältnisses erhält der Mitarbeiter eine Entschädigung in Höhe von 50 %[51] der zuletzt bezogenen vertragsmäßigen Leistungen. Die Entschädigung wird anteilig jeweils am Ende eines Kalendermonats ausbezahlt.

3. Anrechnung anderweitigen Erwerbs

Auf die Entschädigung gemäß Ziffer 2 werden anderweitige Einkünfte des Mitarbeiters durch Verwertung seiner Arbeitskraft nach Maßgabe von § 74c HGB in seiner jeweils geltenden Fassung angerechnet. Nach derzeitigem Stand bedeutet dies:

3.1 Die Summe aus anderweitigen Einkünften und Entschädigung ist auf 110% der zuletzt vom Unternehmen bezogenen Leistungen begrenzt (Kappungsgrenze). Für den darüber hinausgehenden Teil wird die Entschädigung entsprechend gekürzt und kommt nicht zur Auszahlung. Dies hat zur Folge, dass die Entschädigung bei anderweitigen Einkünften ab einem Umfang von 110% der zuletzt vom Unternehmen bezogenen Leistungen vollständig entfällt.

3.2 Sofern der Mitarbeiter aufgrund des Wettbewerbsverbots gezwungen ist, seinen Wohnsitz zu verlegen, erhöht sich die in Ziffer 3.1 dargestellte Kappungsgrenze auf 125%.

3.3 Bei böswilligem Unterlassen anderweitigen Erwerbs werden auch die dadurch nicht erworbenen Einkünfte bei der Anrechnung zugrunde gelegt.

---

49 Hier ist der betreffende Unternehmenszweig bzw. die Branche anzugeben, in der das Unternehmen (der Arbeitgeber) tätig ist und durch die Vereinbarung vor Wettbewerb geschützt werden soll. In der Praxis findet man anstelle einer unternehmensbezogenen Formulierung auch die Angabe von speziellen Tätigkeitsgebieten der Mitarbeiterin bzw. des Mitarbeiters, die vor Wettbewerb geschützt werden sollen. Für die Wirksamkeit der Vereinbarung des räumlichen und sachlichen Geltungsbereichs ist zu beachten, dass eine zu weit gefasste Vertragsklausel im Streitfall von den Arbeitsgerichten entsprechend angepasst wird (einer der wenigen Fälle einer geltungserhaltenden Reduktion, gestützt auf den Gesetzeswortlaut in § 74a HGB).

50 Entsprechende räumliche Erstreckung (z. B. Bundesrepublik Deutschland) eintragen.

51 Gesetzlicher Mindestbetrag.

4. Auskunft

Der Mitarbeiter erklärt sich bereit, auf Verlangen des Unternehmens Auskunft über seine Tätigkeit (einschließlich gegebenenfalls der Anschrift des neuen Arbeitgebers) sowie die Höhe seiner Einkünfte zu erteilen.

5. Vertragsstrafe

5.1 Verstößt der Mitarbeiter schuldhaft gegen diese Vereinbarung in Form einer Dauerverletzung, beispielsweise durch kapitalmäßige Beteiligung oder Eingehung eines Dauerschuldverhältnisses (Arbeitsvertrag, Dienstvertrag, Handelsvertretung oder sonstige Beratertätigkeit), verpflichtet sich der Mitarbeiter, an das Unternehmen eine Vertragsstrafe in Höhe von ...[52] für jeden angefangenen Monat der Verletzung zu zahlen. Das dabei zugrunde zu legende Monatsgehalt entspricht dem Durchschnitt der letzten zwölf vollen abgerechneten Monatsentgelte vor dem Ende des Arbeitsverhältnisses.

5.2.1 Verstößt der Mitarbeiter außerhalb des Anwendungsbereichs von Ziffer 5.1 im Einzelfall schuldhaft gegen diese Vereinbarung, verpflichtet er sich, für jeden Fall der Verletzung eine Vertragsstrafe in Höhe von ...[53] zu zahlen. Das dabei zugrunde zu legende Monatsgehalt entspricht dem Durchschnitt der letzten zwölf vollen abgerechneten Monatsentgelte vor dem Ende des Arbeitsverhältnisses.

5.2.2 Zusammenhängende einzelne Zuwiderhandlungen gegen das Wettbewerbsverbot werden einem Dauerverstoß gleichgestellt.

5.3 Die Vertragsstrafe ist bei mehreren, voneinander unabhängigen Verstößen jeweils gesondert zu bezahlen. Dies kann auch zu einer mehrfachen Vertragsstrafe innerhalb eines Monats führen. Die maximale zu bezahlende Vertragsstrafe innerhalb eines Jahres wird jedoch begrenzt auf sechs Brutto-Monatsgehälter. Das dabei zugrunde zu legende Monatsgehalt entspricht dem Durchschnitt der letzten zwölf vollen abgerechneten Monatsentgelte vor dem Ende des Arbeitsverhältnisses.

5.4 Die Möglichkeit des Unternehmens, einen weitergehenden Schaden geltend zu machen, bleibt davon unberührt.

5.5 Für die Dauer der Vertragsverletzung entfällt der Anspruch auf Karenzentschädigung gemäß Ziffer 2.

6. Verzicht

Das Unternehmen behält sich bis zur Beendigung des Arbeitsverhältnisses vor, auf das nachvertragliche Wettbewerbsverbot zu verzichten. Im Falle des Verzichts wird das Unternehmen mit Ablauf eines Jahres nach Zugang der Verzichtserklärung von der Verpflichtung zur Zahlung der Entschädigung befreit.

---

52 Im Normalfall ein Brutto-Monatsgehalt. Bei für das Unternehmen besonders wichtigen Mitarbeitern und einem sehr hohen Schadensrisiko kann auch ein höherer Betrag vorgesehen werden.

53 Im Normalfall ein Brutto-Monatsgehalt. Bei für das Unternehmen besonders wichtigen Mitarbeitern und einem sehr hohen Schadensrisiko kann auch ein höherer Betrag vorgesehen werden.

7. Schlussbestimmung

Im Übrigen gelten die Bestimmungen des Handelsgesetzbuches (§§ 74–75c).

......................, den ....
(Ort) (Datum)

....
Unterschrift Unterschrift

Empfangsbestätigung:

Ich bestätige, eine von beiden Parteien unterzeichnete Ausfertigung der nachvertraglichen Wettbewerbsvereinbarung erhalten zu haben.

......................, den ....
(Ort) (Datum)

....
Unterschrift Mitarbeiter

Teil 3: Vertragsmuster für Arbeitsverhältnisse innerhalb des Geltungsbereichs von Tarifverträgen (inkl. Vertragsmuster für außertarifliche Angestellte)

Muster Nr. 5: Arbeitsverhältnis mit Tarifbindung

Die Formulierung eines allgemeinen Mustervertrages für Arbeitsverhältnisse innerhalb des Geltungsbereichs von Tarifverträgen ist ein schwieriges Unterfangen. Ausgangspunkt ist in jedem Fall der Mustertext eines Arbeitsvertrages ohne Tarifbindung. Dieser ist um die Punkte zu modifizieren, die tariflich geregelt sind – durch einen allgemeinen Hinweis oder durch eine deklaratorische Klausel.

Eine weitere Differenzierung ergibt sich durch den Umstand, dass die jeweiligen Tarifverträge automatisch nur für Arbeitnehmerinnen und Arbeitnehmer gelten, die Mitglied der jeweiligen Gewerkschaft sind (Ausnahme wie bereits in den Vorbemerkungen ausgeführt sind sogenannte „allgemeinverbindliche“ Tarifverträge). Um die Gleichbehandlung von Gewerkschaftsmitgliedern und Nicht-Mitgliedern sicherzustellen, wird in tarifgebundenen Unternehmen häufig im Arbeitsvertrag vereinbart, dass die tariflichen Regelungen Anwendung finden sollen.

Im nachfolgenden Mustertext ist eine solche „Gleichstellungsabrede“ enthalten. Hinsichtlich der inhaltlichen Ausgestaltung wurde keine bestimmte Branche zugrunde gelegt. Vielmehr wurde unterstellt, dass die üblicherweise in Tarifwerken geregelten Sachverhalte wie beispielsweise Dauer der wöchentlichen Arbeitszeit, tarifliche Grundvergütung und Zuschläge oder Urlaubsansprüche in den Tarifverträgen festgelegt sind. Die entsprechenden Vertragsklauseln wurden diesbezüglich angepasst. Andere Punkte, die typischerweise nicht tariflich geregelt sind, sind unverändert von dem als Muster Nr. 2 aufgeführten Vertrag übernommen.

Bei Verwendung des nachfolgenden Mustertextes ist deshalb sorgfältig zu prüfen, welche Themen Gegenstand der einschlägigen Tarifwerke sind; der Mustertext ist gegebenenfalls daraufhin anzupassen.

Die X-GmbH ... [Name und Anschrift]

– nachfolgend „Unternehmen“

und Frau Y, wohnhaft ... [Name und Anschrift]

– nachfolgend „Mitarbeiterin“

schließen nachfolgenden

ARBEITSVERTRAG

ab:

1. Beginn des Arbeitsverhältnisses, Art und Ort der Tätigkeit

1.1 Die Mitarbeiterin wird für das Unternehmen als ... [Art der Tätigkeit] am Standort ... [Ort des Betriebes] tätig.

1.2 Das Arbeitsverhältnis beginnt am ....

1.3 Die ersten sechs Monate gelten als Probezeit.

→ **Hinweis zur Probezeit**

Die Probezeit kann im Normalfall auch als befristetes Arbeitsverhältnis ausgestaltet werden. Bei Tarifbindung ist hier allerdings zu prüfen, ob die einschlägigen Tarifvorschriften hierzu Regelungen enthalten.

Konsequenz: Das Arbeitsverhältnis endet automatisch mit Ablauf der Probezeit, ohne dass es einer Kündigung bedarf. Wird die Fortsetzung der Zusammenarbeit angestrebt, so ist dies zwischen Unternehmen und Mitarbeiterin vor Ablauf der Probezeit zu vereinbaren. Arbeitet die Mitarbeiterin allerdings über den Zeitpunkt des Endes der Probezeit hinaus tatsächlich weiter im Betrieb, entsteht im Anschluss ein unbefristetes Arbeitsverhältnis, wenn dies vom Arbeitgeber wissentlich geduldet wird.

→ **Bewertung**

Die Befristung der Probezeit wäre aus Sicht des Unternehmens dann sinnvoll, wenn sich dadurch bei Bedarf die Beendigung der Zusammenarbeit einfacher herbeiführen lassen würde. Da das Kündigungsschutzgesetz Arbeitsverhältnisse erst ab dem 7. Monat des Bestehens schützt, ergibt sich in der Praxis im Regelfall kein wesentlicher Vorteil aus der Befristung. Aber Achtung: Ausnahmen gelten für Personen, die bereits mit Beginn des Arbeitsverhältnisses einen besonderen Kündigungsschutz genießen. Ferner ist zu beachten, dass die Vorschriften über Betriebsratsanhörung, Kündigungsfristen und das Verbot sittenwidriger Kündigungen auch für Kündigungen innerhalb der ersten sechs Monate eines Arbeitsverhältnisses Anwendung finden. Sofern im betreffenden Unternehmen diese Fragestellungen nicht beherrscht werden, können sich aus der Befristung praktische Vorteile ergeben. Demgegenüber steht allerdings die Frage der personalpolitischen Betrachtung einer Befristung der ersten sechs Monate: Kritiker könnten anführen, das Unternehmen dokumentiere dadurch gegenüber dem neuen Mitarbeiter bereits zum Zeitpunkt der Einstellung ein gewisses Misstrauen. Darüber hinaus stellt sich die Frage, ob beispielsweise qualifizierte und auf dem Arbeitsmarkt besonders gesuchte Mitarbeiterinnen und Mitarbeiter überhaupt bereit sein werden, ein befristetes Probearbeitsverhältnis abzuschließen.

Falls das Unternehmen „nur" ein befristetes Probearbeitsverhältnis anbieten will, empfiehlt sich anstelle der Formulierung in Ziffer 1.2 und 1.3 folgender Wortlaut (wichtig: Abgleich mit Tarifvertrag erforderlich):

„1.2 Das Arbeitsverhältnis wird als befristetes Probearbeitsverhältnis abgeschlossen und beginnt am .... Es endet, ohne dass es einer Kündigung bedarf, am ... [spätestens sechs Monate nach Beginn]. Sofern die Parteien vor Ablauf der Frist eine entsprechende Vereinbarung treffen, wird das Arbeitsverhältnis als unbefristet fortgesetzt.

1.3 Während der Probezeit kann das Arbeitsverhältnis beiderseits mit einer Frist von zwei Wochen gekündigt werden. Vor Beginn der vereinbarten Arbeitsaufnahme ist eine ordentliche Kündigung ausgeschlossen."

→ **Hinweis:**

Bei Verwendung dieser Klausel ist die Regelung zur Vertragsdauer (weiter unten im Vertrag) ebenfalls anzupassen, s. dortiger Hinweis in Ziffer 17.

2. Übertragung anderer Tätigkeit

2.1 Das Unternehmen behält sich vor, der Mitarbeiterin andere Aufgaben zu übertragen, die ihren Fähigkeiten und Kenntnissen entsprechen und die mindestens gleichwertig sind. Dies schließt Tätigkeiten in anderen als den in Ziffer 1 genannten Betrieben des Unternehmens ein.

2.2 Die Mitarbeiterin ist darüber hinaus bereit, bei einer anderen zum Unternehmen gehörenden Gesellschaft tätig zu werden, sofern die übernehmende Gesellschaft in alle Rechte und Pflichten dieses Vertrages eintritt.

3. Geltung von Tarifverträgen

Auf das Arbeitsverhältnis finden die für den jeweiligen Beschäftigungsbetrieb geltenden Tarifverträge in ihrer jeweils gültigen Fassung Anwendung. Für den Betrieb ... [Angabe des Betriebes, für den die Einstellung erfolgt] sind dies derzeit die Tarifverträge der ...... [(Branche]-industrie in ... [Tarifbezirk].

Für den Fall eines Wechsels oder einer Beendigung der Tarifbindung des Unternehmens sowie im Falle eines Betriebsübergangs findet Ziffer 21 Anwendung.

4. Arbeitszeit

4.1 Die Dauer der regelmäßigen wöchentlichen Arbeitszeit entspricht der jeweils geltenden tariflichen Wochenarbeitszeit, derzeit ... Stunden.

4.2 Die Lage und die Verteilung der Arbeitszeit richten sich nach den jeweils geltenden betrieblichen Regelungen.

4.3 Die Mitarbeiterin erklärt sich bereit, bei Bedarf in gesetzlich zulässigem Umfang Überstunden zu leisten. Die Vergütung richtet sich nach den jeweils geltenden tariflichen und betrieblichen Bestimmungen.

4.4 Sofern die jeweils geltenden gesetzlichen Voraussetzungen für die Gewährung von Kurzarbeitergeld vorliegen, ist das Unternehmen berechtigt, Kurzarbeit anzuordnen und die regelmäßige Arbeitszeit mit einer Ankündigungsfrist von zwei Wochen vorübergehend zu verkürzen. Für die Dauer der Arbeitszeitverkürzung mindert sich die vereinbarte Vergütung entsprechend.

5. Monatsentgelt

5.1 Als Vergütung für die Tätigkeit wird ein Monatsentgelt in Höhe von

... € brutto

vereinbart, das sich wie folgt zusammensetzt:

- Tarifentgelt gemäß Entgeltgruppe ... ... €
- Tarifliche Leistungszulage[54] ... €
- Übertarifliche Zulage[55] ... €
- *Sonstiges, falls vorhanden*

Der sich daraus ergebende Nettobetrag wird am Ende des jeweiligen Monats auf ein anzugebendes Gehaltskonto ausbezahlt.

5.2 Erhöhungen tariflich festgelegter Entgeltbestandteile können von dem Unternehmen auf übertarifliche Bestandteile ganz oder teilweise angerechnet werden. Dies gilt auch für den Fall einer tariflichen Arbeitszeitverkürzung mit zumindest teilweisem Entgeltausgleich.

5.3 Die Zahlung von leistungs- und zeitabhängigen variablen Bestandteilen des Monatsentgelts richtet sich nach den jeweils geltenden tariflichen und betrieblichen Regelungen.

5.4 Im Falle der Übertragung höherwertiger Aufgaben (s. Ziffer 2.1) richtet sich die Festlegung des Monatsentgelts nach den jeweils geltenden tariflichen Regelungen.

6. Zusätzliche Leistungen

[Sofern das Unternehmen zusätzlich zum Monatsentgelt weitere Vergütungsbestandteile gewährt, sind diese hier aufzuführen. Zunächst ist jedoch zu klären, auf welcher Rechtsgrundlage die Leistung erfolgt bzw. erfolgen soll. Häufig sind Einmalzahlungen, die ergänzend zum Monatsentgelt zur Auszahlung kommen, tariflich geregelt. In diesem Fall empfiehlt sich ein deklaratorischer Hinweis im Arbeitsvertrag].

Darüber hinaus erhält die Mitarbeiterin eine zusätzliche Urlaubsvergütung sowie eine tarifliche Jahressonderzahlung gemäß den tariflichen Bestimmungen in ihrer jeweils gültigen Fassung.

---

54 Falls im Tarifvertrag nicht vorgesehen, b. streichen.

55 Eine vertraglich begründete übertarifliche Zulage kann nicht einseitig ohne Grund widerrufen werden. Ein solcher einseitiger Widerruf stellt einen Eingriff in das regelmäßig zur Verfügung stehende Monatseinkommen dar. Vergleicht man dies mit der Situation in nicht tarifgebundenen Unternehmen, ist dies auch sachgerecht: Dort ist das monatliche Entgelt im Normalfall ohne Aufteilung in einen abgesicherten Teil einerseits und einen nicht abgesicherten Teil andererseits vereinbart. Der Arbeitgeberseite bleibt jedoch die Möglichkeit, die übertarifliche Zulage gegebenenfalls auf tarifliche Erhöhungen anzurechnen (s. Anrechnungsklausel in Ziffer 5.2).

[Sofern tariflich keine Einmalzahlungen vorgesehen sind, kann an dieser Stelle des Vertrages eine widerrufliche Sonderzahlung aufgeführt werden. Einzelheiten hierzu siehe in den Verträgen ohne Tarifbindung, Muster 1 und 2.]

7. Rückzahlung zu viel erhaltener Leistungen

Das Unternehmen kann Überzahlungen und sonstige Leistungen, die zu viel gewährt wurden, von der Mitarbeiterin nach den Grundsätzen des allgemeinen Bereicherungsrechts zurückfordern. Die Mitarbeiterin kann sich hierbei nicht auf einen möglichen Wegfall der Bereicherung berufen, wenn die Zuvielleistung auf Umständen beruht, die von ihr zu vertreten sind, oder wenn sie den Fehler hätte erkennen müssen.

8. Abtretungsverbot und Kostenerstattung bei Pfändung

8.1 Die Abtretung oder Verpfändung von Vergütungsansprüchen durch die Mitarbeiterin ist ausgeschlossen.

8.2 Wird Arbeitseinkommen der Mitarbeiterin gepfändet, sind die dem Unternehmen dadurch entstehenden Kosten von der Mitarbeiterin zu tragen. Als Pauschale wird hierfür je Pfändung und Bearbeitungsmonat ein Betrag in Höhe von 5 € zugrunde gelegt.[56]

9. Arbeitsverhinderung

9.1 Die Mitarbeiterin ist verpflichtet, jede Arbeitsverhinderung unverzüglich mitzuteilen. Grund und voraussichtliche Dauer sind dabei anzugeben.

9.2 Im Krankheitsfall gilt ergänzend: Dauert die Arbeitsverhinderung mehr als ...[57] Kalendertage, ist die Mitarbeiterin verpflichtet, die Arbeitsunfähigkeit spätestens am darauffolgenden Arbeitstag durch Vorlage einer ärztlichen Bescheinigung nachzuweisen. Das Unternehmen ist berechtigt, die Vorlage der ärztlichen Bescheinigung früher zu verlangen. Für Mitarbeiterinnen und Mitarbeiter, die im

---

56 Ob die Kostenerstattung wirksam vereinbart werden kann, ist vom Bundesarbeitsgericht noch nicht entschieden. Die Gegenmeinung begründet dies u. a. mit dem allgemeinen Grundsatz, dass vom Staat auferlegte Pflichten (beispielsweise im Rahmen einer Zwangsvollstreckung) ohne Gegenleistung zu erfüllen sind. Das Risiko bei der Verwendung der Klausel ist an dieser Stelle eher gering: Im Falle der Unwirksamkeit wäre lediglich Ziffer 8.2 des Vertrages gegenstandslos.

57 Zunächst ist zu prüfen, ob der einschlägige Tarifvertrag die Frage der Nachweispflicht regelt. Falls ja, kann auf die dortige Regelung hingewiesen werden. Falls keine Tarifregelung dazu vorliegt, gilt:
Das Gesetz normiert als Regelfall die Verpflichtung zur Vorlage einer ärztlichen Bescheinigung, wenn die Arbeitsunfähigkeit länger als drei Kalendertage dauert, am darauffolgenden Arbeitstag. Der Arbeitgeber ist jedoch berechtigt, die Vorlage einer ärztlichen Bescheinigung früher zu verlangen – bereits für den (und falls technisch möglich am) ersten Tag der Arbeitsunfähigkeit. Sofern dies als sinnvoll erachtet wird, kann die frühere Vorlagepflicht im Arbeitsvertrag entsprechend vereinbart werden – durch folgende Formulierung, welche die Sätze 1 und 2 in Ziffer 9.2 ersetzt:
„Im Krankheitsfall ist die Mitarbeiterin ferner verpflichtet, die Arbeitsunfähigkeit unverzüglich durch Vorlage einer ärztlichen Bescheinigung nachzuweisen.“

Rahmen ihrer gesetzlichen Krankenversicherung behandelt werden, gilt abweichend hiervon: die Vorlage der ärztlichen Bescheinigung erfolgt durch den behandelnden Arzt per eAU an die betreffende Krankenkasse.

9.3 Dauert die krankheitsbedingte Arbeitsunfähigkeit länger als ursprünglich mitgeteilt, ist das Unternehmen unverzüglich über die Verlängerung zu informieren und unverzüglich eine ärztliche Folgebescheinigung vorzulegen bzw. – im Falle einer gesetzlichen Versicherung – die Weiterleitung per eAU an die Krankenkasse entsprechend zu veranlassen.

10. Entgeltfortzahlung bei Arbeitsunfähigkeit und im Todesfall

10.1 Bei unverschuldeter Arbeitsunfähigkeit infolge von Krankheit erhält die Mitarbeiterin die vereinbarten Bezüge im Rahmen der jeweils geltenden gesetzlichen und tariflichen Bestimmungen weiter gewährt.[58]

10.2 Im Falle des Todes erhalten die Erben oder unterhaltsberechtigte Angehörige die vereinbarten Bezüge für den Sterbemonat sowie für ...[59] weitere Monate fortgezahlt. Die Auszahlung erfolgt als Einmalbetrag.

Es bleibt dem Unternehmen überlassen, an welche Erben oder unterhaltsberechtigte Personen diese Bezüge ausbezahlt werden.

11. Bezahlte Arbeitsversäumnisse

Bei notwendigen, unverschuldeten Arbeitsversäumnissen gewährt das Unternehmen bezahlte Freistellung von der Arbeit im Rahmen der jeweils geltenden tariflichen und betrieblichen Regelungen.

12. Erholungsurlaub

Die Bedingungen des jährlichen Erholungsurlaubs richten sich nach den jeweils geltenden tariflichen Regelungen.

13. Nebentätigkeit

13.1 Die Mitarbeiterin verpflichtet sich, jede bei Vertragsabschluss beabsichtigte oder bereits ausgeübte Nebentätigkeit mitzuteilen.

13.2 Die nach Vertragsabschluss beabsichtigte Aufnahme einer Nebentätigkeit ist dem Unternehmen rechtzeitig – vor Eingehen einer entsprechenden Verpflichtung – mitzuteilen.

13.3 Die Aufnahme einer Nebentätigkeit ist nicht zulässig und kann vom Unternehmen untersagt werden, wenn

58 Im Regelfall für bis zu sechs Wochen. Ob der Tarifvertrag eine Entgeltfortzahlung auch in den ersten vier Wochen des Arbeitsverhältnisses (gesetzliche Wartezeit) vorsieht, ist jeweils zu klären.

59 Regelung kommt in der Praxis häufig vor; es handelt sich um eine freiwillige Leistung. Möglich ist eine Abstufung in Abhängigkeit von der Unternehmenszugehörigkeit, z.B. grundsätzlich für einen Monat, nach fünf Jahren Zugehörigkeit für zwei Monate, nach zehn Jahren für drei Monate.

- eine Konkurrenzsituation zur [*X-GmbH*] oder mit ihr verbundener Unternehmen entstehen würde,
- durch die Ausübung der Nebentätigkeit zusätzlich zur Tätigkeit für das Unternehmen gegen arbeitszeitrechtliche Bestimmungen verstoßen würde,
- die ordnungsgemäße Erfüllung der Pflichten aus dem Arbeitsverhältnis mit dem Unternehmen gefährdet wäre oder
- sonstige berechtigte Interessen des Unternehmens beeinträchtigt sein können.

14. Geheimhaltung/Herausgabe von Unterlagen

14.1 Die Mitarbeiterin verpflichtet sich, über erlangte Geschäfts- und Betriebsgeheimnisse sowie über alle als vertraulich gekennzeichneten Angelegenheiten Stillschweigen zu wahren. Dies gilt auch gegenüber Mitarbeiterinnen und Mitarbeitern des Unternehmens, soweit diese Personen nicht im Rahmen ihrer Aufgaben zur Kenntnisnahme befugt sind. Die Mitarbeiterin verpflichtet sich ferner, Informationen aus dem geschäftlichen Bereich nicht für private Zwecke auszuwerten und keine Aufzeichnungen oder Vervielfältigungen zum privaten Gebrauch anzufertigen.

Dies gilt sinngemäß für Angelegenheiten von mit der [*X-GmbH*] verbundenen Unternehmen.

14.2 Die Verpflichtung gemäß Ziffer 14.1 gilt auch nach Beendigung des Arbeitsverhältnisses fort.

14.3 Die Mitarbeiterin verpflichtet sich, alle ihre dienstliche Tätigkeit betreffenden Unterlagen, Abbildungen, Muster und dergleichen als ihr anvertrautes, ausschließliches Eigentum des Unternehmens zu behandeln. Sie wird dafür sorgen, dass solche Unterlagen sowie davon angefertigte Aufzeichnungen oder Vervielfältigungen weder ganz noch teilweise zur Kenntnis Unbefugter gelangen. Die Mitarbeiterin wird auf Verlangen jederzeit, bei Beendigung des Arbeitsverhältnisses unaufgefordert alle Unterlagen ihrer Vorgesetzten oder ihrem Vorgesetzten aushändigen und dabei kein Zurückbehaltungsrecht geltend machen.

15. Arbeitsergebnisse

Die Mitarbeiterin verpflichtet sich, dem Unternehmen die Ergebnisse ihrer dienstlichen Tätigkeiten einschließlich aller Verbesserungsmöglichkeiten mitzuteilen. Alle Ergebnisse der dienstlichen Arbeiten stehen ausschließlich dem Unternehmen zu.

Nutzungs- und Verwertungsrechte – auch für unter das Urheberrecht fallende Leistungen (inklusive Computerprogramme) – gehen mit der Entstehung der Arbeitsergebnisse auf das Unternehmen über. Das Unternehmen erhält damit das ausschließliche und uneingeschränkte Nutzungsrecht für alle bekannten und neuen Nutzungsarten. Die Mitarbeiterin wird an der Wahrung der sich daraus für das Unternehmen ergebenden Rechte mitwirken und alle vom Unternehmen dafür als notwendig erachteten Maßnahmen ergreifen.

Alle Ansprüche für den Übergang der obigen Rechte auf das Unternehmen sind durch die Bezüge abgegolten. Weitergehende betriebliche Regelungen bleiben hiervon unberührt.

Die vorstehende Regelung behält auch nach dem Ende des Arbeitsverhältnisses ihre Gültigkeit.

Für schutzfähige Erfindungen und Gebrauchsmuster gelten im Übrigen die gesetzlichen Bestimmungen in ihrer jeweils gültigen Fassung.

16. Vertragsstrafe[60]

16.1 Nimmt die Mitarbeiterin die vereinbarte Tätigkeit nicht oder verspätet auf und trifft sie dabei ein Verschulden, erklärt sie sich bereit, eine Vertragsstrafe an das Unternehmen zu zahlen. Die Höhe der Vertragsstrafe beträgt für jeden Arbeitstag der verspäteten Arbeitsaufnahme ein durchschnittliches Tagesentgelt (brutto), insgesamt höchstens 50% eines Brutto-Monatsentgelts. Für den Fall des Nichtantritts der Tätigkeit beträgt die Vertragsstrafe 50% eines Brutto-Monatsentgelts.[61]

Beendet die Mitarbeiterin die Tätigkeit vor Ablauf der Probezeit vertragswidrig, so hat sie eine Vertragsstrafe in Höhe von 50% eines Brutto-Monatsentgelts an das Unternehmen zu zahlen.

16.2 Beendet die Mitarbeiterin die Tätigkeit nach Ablauf der Probezeit vertragswidrig, so hat sie eine Vertragsstrafe in Höhe von einem Brutto-Monatsentgelt an das Unternehmen zu zahlen.

16.3 Für die Berechnung der Höhe der Vertragsstrafe wird das aktuelle regelmäßige Monatsentgelt im Sinne von Ziffer 5.1 zugrunde gelegt. Zeit- und leistungsabhängige variable Entgeltbestandteile bleiben außer Betracht. Als durchschnittliches Tagesentgelt gilt das Monatsentgelt geteilt durch 21.

16.4 Die Möglichkeit des Unternehmens, einen weiter gehenden Schaden geltend zu machen, bleibt davon unberührt.

17. Vertragsdauer, Beendigung

17.1 Das Arbeitsverhältnis endet, ohne dass es einer Kündigung bedarf, mit Ablauf des Monats, in dem die Mitarbeiterin die Regelaltersgrenze in der gesetzlichen Rentenversicherung erreicht.[62]

---

60 Ob die Aufnahme dieses Abschnitts aus personalpolitischer Sicht sinnvoll ist, kann nur unter Berücksichtigung der Situation des jeweiligen Unternehmens und des betreffenden Arbeitsverhältnisses beurteilt werden. Außer den angesprochenen Fällen finden sich in der Praxis unter anderem auch noch Vertragsstrafen-Regelungen bei unentschuldigter Arbeitsversäumnis oder Verstoß gegen Geheimhaltungsverpflichtungen.

61 Die Höhe der Vertragsstrafe für den Fall des Nichtantritts sollte annähernd dem Verdienst während der Kündigungsfrist in der Probezeit entsprechen. Für den hier verwendeten Text wird unterstellt, dass die einschlägige tarifliche Kündigungsfrist während der Probezeit zwei Wochen beträgt.

62 Rechtlich zulässig ist auch die Vereinbarung, dass das Arbeitsverhältnis endet, sobald die Mitarbeiterin eine vorgezogene Altersrente beziehen kann, z.B. mit Vollendung des 63. Lebensjahres aufgrund langjähriger Versicherung. Diese Abrede wird jedoch nur wirksam, wenn sie innerhalb von drei Jahren vor dem vorgesehenen Ende des Arbeitsverhältnisses von der Mitarbeiterin bestätigt wird (Bestätigungsvorbehalt in § 41 SGB IV).

17.2 Ordentliche Kündigung

Während der Probezeit kann das Arbeitsverhältnis beiderseits mit einer Frist von ... gekündigt werden. Vor Beginn der vereinbarten Arbeitsaufnahme ist eine Kündigung ausgeschlossen.

Nach Ablauf der Probezeit kann das Arbeitsverhältnis beiderseits unter Einhaltung der jeweils gültigen tariflichen Kündigungsfristen gekündigt werden. Tarifliche Verlängerungen der Kündigungsfrist aufgrund zunehmender Unternehmenszugehörigkeit gelten beiderseitig.

→ Hinweis bei befristeter Probezeit

Sofern die Probezeit als befristetes Arbeitsverhältnis ausgestaltet ist (siehe Hinweis in Ziffer 1.3), ist Ziffer 17 zu modifizieren und lautet wie folgt:

„17. Vertragsdauer und Beendigung im Falle einer unbefristeten Fortsetzung des Arbeitsverhältnisses über den ... hinaus

Wird das Arbeitsverhältnis über den ... hinaus fortgesetzt, gelten die nachfolgenden Bestimmungen hinsichtlich der Vertragsdauer sowie der Beendigung des Vertrages:

17.1 Das Arbeitsverhältnis endet, ohne dass es einer Kündigung bedarf, mit Ablauf des Monats, in dem die Mitarbeiterin die Regelaltersgrenze der gesetzlichen Rentenversicherung erreicht.[63]

17.2 Nach Ablauf der Probezeit kann das Arbeitsverhältnis beiderseits unter Einhaltung der jeweils gültigen tariflichen Kündigungsfristen gekündigt werden. Tarifliche Verlängerungen der Kündigungsfrist aufgrund zunehmender Unternehmenszugehörigkeit gelten beiderseitig."

18. Freistellung von der Arbeitspflicht

Im Falle einer Kündigung ist das Unternehmen berechtigt, die Mitarbeiterin unter Fortzahlung der Bezüge unwiderruflich bis zum Ablauf der Kündigungsfrist von der Arbeit freizustellen. Die Freistellung wird auf eventuell noch vorhandene Urlaubsansprüche und sonstige Freistellungsansprüche angerechnet.

19. Information durch das Unternehmen: Geltung von Betriebsvereinbarungen

Auf das Arbeitsverhältnis finden die für den jeweiligen Beschäftigungsbetrieb geltenden Betriebsvereinbarungen in ihrer jeweils gültigen Fassung Anwendung.

[Fortsetzung Fußnote 62]
Nur der Vollständigkeit halber: in diesem Zusammenhang werden im arbeitsrechtlichen Schrifttum vereinzelt auch sog. „Rentenbezugsklauseln" diskutiert, wonach das Arbeitsverhältnis – vor Erreichen der Regelaltersgrenze – enden soll, wenn tatsächlich eine Rente bezogen wird. Die Relevanz einer solchen Klausel insbesondere für kleinere Unternehmen halte ich für eher gering, auf die Vor- und Nachteile sowie die rechtliche Komplexität kann im Übrigen im vorgegebenen Rahmen nicht vertieft eingegangen werden.

63 S. Fußnote 62.

→ **Vorab-Hinweis zum Regelungskomplex in den Ziffern 20 und 21**

Die nachfolgenden 2 Ziffern haben hauptsächlich die Funktion einer Flexibilisierung der getroffenen vertraglichen Vereinbarungen für den Fall, dass nach Abschluss des Arbeitsvertrages eine Änderung bezüglich der Tarifbindung eintritt oder Betriebsvereinbarungen geändert oder neu abgeschlossen werden.

Rechtlich komplexere Konstellationen mit unterschiedlichen Tarifbindungen innerhalb eines Unternehmens werden durch die gewählten Formulierungen nicht abgebildet und bedürfen einer weitergehenden Analyse im Einzelfall.

20. Öffnungsklausel

20.1 Tarifliche Regelungen haben Vorrang gegenüber individualrechtlichen Regelungen; dies gilt auch, wenn die individualrechtliche Regelung für die Mitarbeiterin günstiger wäre.

20.2 Bezüglich Betriebsvereinbarungen oder Teilen von Betriebsvereinbarungen, die nach Abschluss dieses Vertrages abgeschlossen oder abgeändert werden, wird Folgendes vereinbart:

20.2.1 Für das Arbeitsverhältnis geltende Betriebsvereinbarungen haben Vorrang gegenüber individualrechtlichen Regelungen; dies gilt auch, wenn die individualrechtliche Regelung für die Mitarbeiterin günstiger wäre.

20.2.2 Information durch das Unternehmen: Auf Gegenstände, die üblicherweise nicht durch Betriebsvereinbarung geregelt werden können (z. B. die Höhe der monatlichen Grundvergütung, die Dauer der regelmäßigen wöchentlichen Arbeitszeit oder Art und Ort der Tätigkeit) findet Ziffer 20.2.1 keine Anwendung.[64]

20.3 Ziffer 20.2 gilt auch im Falle eines Wechsels des Beschäftigungsbetriebes mit der Maßgabe, dass die für den neuen Beschäftigungsbetrieb geltenden Betriebsvereinbarungen Vorrang gegenüber individualrechtlichen Regelungen haben.

21. Wechsel oder Beendigung der Tarifbindung/Betriebsübergang

21.1 Endet die Tarifbindung des Unternehmens (z. B. durch Verbandsaustritt), so wirken die zu diesem Zeitpunkt geltenden Tarifbestimmungen statisch fort, bis sie durch eine andere Abmachung ersetzt werden.

21.2 Dies gilt auch im Falle eines Betriebsübergangs, wenn der neue Inhaber nicht tarifgebunden ist.

21.3 Erfolgt ein Betriebsübergang auf einen tarifgebundenen neuen Inhaber, dann finden die beim Betriebserwerber geltenden Tarifbestimmungen Anwendung.

64 Die Herausnahme monatlicher Grundvergütung, regelmäßiger wöchentlicher Arbeitszeit oder Art und Ort der Tätigkeit aus der Öffnungsklausel für Betriebsvereinbarungen ist lediglich eine Klarstellung. Über diese Gegenstände können Betriebsvereinbarungen im Regelfall nicht abgeschlossen werden.

22. Ausschlussfristen

In vielen Tarifverträgen finden sich Ausschlussfristen für die Geltendmachung von Ansprüchen aus dem Arbeitsverhältnis. Sofern dies auf den jeweiligen Tarifvertrag zutrifft, genügt ein allgemeiner Hinweis im Arbeitsvertrag:

Für die Geltendmachung von Ansprüchen aus dem Arbeitsverhältnis gelten die jeweils gültigen tariflichen Ausschlussfristen.

Alternativ dazu, sofern Ausschlussfristen nicht tariflich geregelt sind:

22.1 Ansprüche aus dem Arbeitsverhältnis sind innerhalb von drei Monaten nach Fälligkeit in Textform geltend zu machen.

22.2 Lehnt die Gegenseite in Textform einen rechtzeitig geltend gemachten Anspruch ab, so ist dieser Anspruch innerhalb von drei Monaten nach Zugang der Ablehnung gerichtlich geltend zu machen.

Erfolgt keine entsprechende Stellungnahme der Gegenseite innerhalb von zwei Monaten, so ist der Anspruch ebenfalls gerichtlich geltend zu machen. Die Frist für die gerichtliche Geltendmachung in diesem Fall beträgt drei Monate und beginnt mit Ablauf der Frist für die Stellungnahme der Gegenseite.

22.3 Ansprüche, die nicht innerhalb dieser Zeiträume entsprechend geltend gemacht werden, verfallen.

22.4 Für folgende Ansprüche gelten die Ausschlussfristen gemäß Ziffern 22.1 bis 22.3 nicht:

- Ansprüche, die kraft Gesetzes einer Ausschlussfrist entzogen sind, beispielsweise nach dem Mindestlohngesetz oder solche im Zusammenhang mit Erholungsurlaub,
- Ansprüche aufgrund vorsätzlicher Pflichtverletzungen, sowie
- Ansprüche aufgrund einer Verletzung von Leben, Körper oder Gesundheit.

23. Verpflichtungserklärung zum Datenschutz[65]

Der Arbeitsvertrag wird nur wirksam, wenn die beigefügte „Verpflichtungserklärung zur Wahrung der Vertraulichkeit bei der Verarbeitung personenbezogener Daten" von der Mitarbeiterin ebenfalls unterzeichnet wird.

......................, den ....

(Ort) (Datum)

....

Unterschrift Unterschrift

65 Diese Vertragsklausel sollte aufgenommen werden, sofern die Tätigkeit der Mitarbeiterin bzw. des Mitarbeiters dies erfordert. Ein **Beispiel** einer Verpflichtungserklärung ist **am Ende des Vertragsmusters Nummer 2** angefügt.

Anlage gemäß § 2 Abs. 1 Nr. 14 des Nachweisgesetzes[66]

zum Arbeitsvertrag zwischen

der X-GmbH, ..., und

Frau Y, wohnhaft ...

Wesentliche Punkte des bei einer Kündigung einzuhaltenden Verfahrens

Zum 01.08.2022 ist das „Gesetz zur Umsetzung der Richtlinie über transparente und vorhersehbare Arbeitsbedingungen" in Kraft getreten. Vor diesem Hintergrund informiert das Unternehmen über wesentliche Punkte des bei einer Kündigung einzuhaltenden Verfahrens. Zweck der Unterlage ist ausschließlich die Information der Mitarbeiterin bzw. des Mitarbeiters. Ansprüche werden dadurch nicht begründet. Die Unterlage gibt den zum Zeitpunkt der Vertragsunterzeichnung aktuellen Stand wieder.

Es wird ferner darauf hingewiesen, dass es für verschiedene besondere Fallkonstellationen weitergehende Regelungen geben kann (z. B. Schwangerschaft, Schwerbehinderung, Massenentlassungen oder Betriebsänderungen, Teilzeit bzw. Befristung, um nur einige zu nennen). Aus verständlichen Gründen orientiert sich diese Informationsunterlage am „Normalfall" einer Arbeitgeber- oder Arbeitnehmerkündigung, sämtliche denkbaren Konstellationen können im Rahmen der allgemeinen Information hier nicht abgebildet werden.

Tarifliche Kündigungsfristen:

An dieser Stelle sind die Regelungen des einschlägigen Tarifvertrages zu den Kündigungsfristen aufzuführen.

Vorschriften im Bürgerlichen Gesetzbuch (Auszug):

Ergänzender Hinweis vorab zur Information zum Thema Kündigungsfrist: Die im Gesetz vorgesehene Kündigungsfrist ist eine „Mindestkündigungsfrist." Auf das Arbeitsverhältnis findet grundsätzlich die tarifliche Kündigungsfrist Anwendung, sofern diese länger ist als die gesetzliche. Die gesetzliche Kündigungsfrist wird relevant im Falle einer Verlängerung dieser Frist über die tarifliche hinaus aufgrund längerer Betriebszugehörigkeit.

§ 622 Kündigungsfristen bei Arbeitsverhältnissen (Auszug)

(1) Das Arbeitsverhältnis eines Arbeiters oder eines Angestellten (Arbeitnehmers) kann mit einer Frist von vier Wochen zum Fünfzehnten oder zum Ende eines Kalendermonats gekündigt werden.

---

66 Allgemein zur Notwendigkeit einer entsprechenden Information s. Teil 1 „Generelle Überlegungen und Ausgangssituation", dort Ziffer 7.4. Die Neufassung des Nachweisgesetzes zum 01.08.2022 fordert *„die Information (über) das bei der Kündigung des Arbeitsverhältnisses von Arbeitgeber und Arbeitnehmer einzuhaltende Verfahren, mindestens das Schriftformerfordernis und die Fristen für die Kündigung des Arbeitsverhältnisses, sowie die Frist zur Erhebung einer Kündigungsschutzklage."* Es wird empfohlen, diese Information außerhalb des eigentlichen Vertragstextes in Form einer separaten Anlage, die allerdings zu unterzeichnen ist, zur Verfügung zu stellen.

(2) Für eine Kündigung durch den Arbeitgeber beträgt die Kündigungsfrist, wenn das Arbeitsverhältnis in dem Betrieb oder Unternehmen

1. zwei Jahre bestanden hat, einen Monat zum Ende eines Kalendermonats,
2. fünf Jahre bestanden hat, zwei Monate zum Ende eines Kalendermonats,
3. acht Jahre bestanden hat, drei Monate zum Ende eines Kalendermonats,
4. zehn Jahre bestanden hat, vier Monate zum Ende eines Kalendermonats,
5. zwölf Jahre bestanden hat, fünf Monate zum Ende eines Kalendermonats,
6. 15 Jahre bestanden hat, sechs Monate zum Ende eines Kalendermonats,
7. 20 Jahre bestanden hat, sieben Monate zum Ende eines Kalendermonats.

(3) Während einer vereinbarten Probezeit, längstens für die Dauer von sechs Monaten, kann das Arbeitsverhältnis mit einer Frist von zwei Wochen gekündigt werden.

(4) ...

§ 623 Schriftform der Kündigung

Die Beendigung von Arbeitsverhältnissen durch Kündigung oder Auflösungsvertrag bedürfen zu ihrer Wirksamkeit der Schriftform; die elektronische Form ist ausgeschlossen.

Vorschriften im Kündigungsschutzgesetz (Auszug):

§ 1 Sozial ungerechtfertigte Kündigungen (Auszug)

(1) Die Kündigung des Arbeitsverhältnisses gegenüber einem Arbeitnehmer, dessen Arbeitsverhältnis in demselben Betrieb oder Unternehmen ohne Unterbrechung länger als sechs Monate bestanden hat, ist rechtsunwirksam, wenn sie sozial ungerechtfertigt ist.

(2) Sozial ungerechtfertigt ist die Kündigung, wenn sie nicht durch Gründe, die in der Person oder in dem Verhalten des Arbeitnehmers liegen, oder durch dringende betriebliche Erfordernisse, die einer Weiterbeschäftigung des Arbeitnehmers in diesem Betrieb entgegenstehen, bedingt ist.

...

Der Arbeitgeber hat die Tatsachen zu beweisen, die die Kündigung bedingen.

(3) Ist einem Arbeitnehmer aus dringenden betrieblichen Erfordernissen im Sinne des Absatzes 2 gekündigt worden, so ist die Kündigung trotzdem sozial ungerechtfertigt, wenn der Arbeitgeber bei der Auswahl des Arbeitnehmers die Dauer der Betriebszugehörigkeit, das Lebensalter, die Unterhaltspflichten und die Schwerbehinderung des Arbeitnehmers nicht oder nicht ausreichend berücksichtigt hat; auf Verlangen des Arbeitnehmers hat der Arbeitgeber dem Arbeitnehmer die Gründe anzugeben, die zu der getroffenen sozialen Auswahl geführt haben. In die soziale Auswahl nach Satz 1 sind Arbeitnehmer nicht einzubeziehen, deren Weiterbeschäftigung, insbesondere wegen ihrer Kenntnisse, Fähigkeiten und Leistungen oder zur Sicherung einer ausgewogenen Personalstruktur des Betriebes, im berechtigten betrieblichen Interesse liegt. Der Arbeitnehmer hat die Tatsachen zu

beweisen, die die Kündigung als sozial ungerechtfertigt im Sinne des Satzes 1 erscheinen lassen.

§ 4 Anrufung des Arbeitsgerichts (Auszug)

Will ein Arbeitnehmer geltend machen, dass eine Kündigung sozial ungerechtfertigt oder aus anderen Gründen rechtsunwirksam ist, so muss er innerhalb von drei Wochen nach Zugang der schriftlichen Kündigung Klage beim Arbeitsgericht auf Feststellung erheben, dass das Arbeitsverhältnis durch die Kündigung nicht aufgelöst ist. Im Falle des § 2 ist die Klage auf Feststellung zu erheben, dass die Änderung der Arbeitsbedingungen sozial ungerechtfertigt oder aus anderen Gründen rechtsunwirksam ist.

...

§ 5 Zulassung verspäteter Klagen

(1) War ein Arbeitnehmer nach erfolgter Kündigung trotz Anwendung aller ihm nach Lage der Umstände zuzumutenden Sorgfalt verhindert, die Klage innerhalb von drei Wochen nach Zugang der schriftlichen Kündigung zu erheben, so ist auf seinen Antrag die Klage nachträglich zuzulassen. Gleiches gilt, wenn eine Frau von ihrer Schwangerschaft aus einem von ihr nicht zu vertretenden Grund erst nach Ablauf der Frist des § 4 S. 1 Kenntnis erlangt hat.

(2) Mit dem Antrag ist die Klageerhebung zu verbinden; ist die Klage bereits eingereicht, so ist auf sie im Antrag Bezug zu nehmen. Der Antrag muss ferner die Angabe der die nachträgliche Zulassung begründenden Tatsachen und der Mittel für deren Glaubhaftmachung enthalten.

(3) Der Antrag ist nur innerhalb von zwei Wochen nach Behebung des Hindernisses zulässig. Nach Ablauf von sechs Monaten, vom Ende der versäumten Frist an gerechnet, kann der Antrag nicht mehr gestellt werden.

(4) Das Verfahren über den Antrag auf nachträgliche Zulassung ist mit dem Verfahren über die Klage zu verbinden. Das Arbeitsgericht kann das Verfahren zunächst auf die Verhandlung und Entscheidung über den Antrag beschränken. In diesem Fall ergeht die Entscheidung durch Zwischenurteil, das wie ein Endurteil angefochten werden kann.

(5) Hat das Arbeitsgericht über einen Antrag auf nachträgliche Klagezulassung nicht entschieden oder wird ein solcher Antrag erstmals vor dem Landesarbeitsgericht gestellt, entscheidet hierüber die Kammer des Landesarbeitsgerichts. Abs. 4 gilt entsprechend.

§ 6 Verlängerte Anrufungsfrist

Hat ein Arbeitnehmer innerhalb von drei Wochen nach Zugang der schriftlichen Kündigung im Klagewege geltend gemacht, dass eine rechtswirksame Kündigung nicht vorliege, so kann er sich in diesem Verfahren bis zum Schluss der mündlichen Verhandlung erster Instanz zur Begründung der Unwirksamkeit der Kündigung auch auf innerhalb der Klagefrist nicht geltend gemachte Gründe berufen. Das Arbeitsgericht soll ihn hierauf hinweisen.

§ 7 Wirksamwerden der Kündigung

Wird die Rechtsunwirksamkeit einer Kündigung nicht rechtzeitig geltend gemacht (§ 4 S. 1, §§ 5 und 6), so gilt die Kündigung als von Anfang an rechtswirksam; ein vom Arbeitnehmer nach § 2 erklärter Vorbehalt erlischt.

Diese Informationsunterlage ist Bestandteil des Arbeitsvertrages und wurde dem Mitarbeiter am ... ausgehändigt.

......................., den ....
(Ort) (Datum)

....
Unterschrift Unterschrift

Muster Nr. 6: Arbeitsvertrag für außertarifliche Angestellte

Tarifverträge haben neben dem fachlichen (Branche) und dem räumlichen (Tarifbezirk) auch einen persönlichen Geltungsbereich. Die Arbeitsbedingungen von leitenden Angestellten beispielsweise sind im Normalfall nicht innerhalb dieses Geltungsbereiches (Ausnahmen hiervon kann es in der Chemischen Industrie geben, wo ein spezieller Tarifvertrag für akademische Angestellte existiert).

Aber nicht nur die zahlenmäßig kleine Gruppe der leitenden Angestellten ist vom Geltungsbereich ausgenommen. Es gibt darüber hinaus die sogenannten „außertariflichen Angestellten“. Dies sind Mitarbeiterinnen und Mitarbeiter, bei denen – vereinfacht gesagt – die Anforderungen an ihre Tätigkeit und die Arbeitsbedingungen über denjenigen der obersten Tarifgruppe liegen (ohne dass gleichzeitig die Voraussetzungen für den Status als „leitender Angestellter“ vorliegen). In der Praxis ergeben sich hier in erster Linie Abgrenzungsprobleme bei den Themen Arbeitszeit und Entgelt an der „Schnittstelle“ zum Tarifvertrag.

In einigen Tarifregelungen ist als weitere Voraussetzung noch vorgesehen, dass diese Mitarbeiterinnen und Mitarbeiter im Arbeitsvertrag ausdrücklich vom Geltungsbereich der Tarifregelungen ausgenommen werden. Bei der Verwendung des nachfolgenden Textes ist die jeweilige tarifliche Situation in jedem Fall vorab zu prüfen. Der Mustertext ist gegebenenfalls entsprechend anzupassen.

Wie bei leitenden Angestellten empfiehlt es sich im Normalfall auch bei der Vertragsgestaltung für außertarifliche Angestellte, zusätzliche Leistungen wie beispielsweise Dienstwagen, betriebliche Altersversorgung oder Zusatzversicherungen nicht abschließend im Arbeitsvertrag zu regeln. Sinnvoller ist ein Hinweis im Vertrag auf die jeweils geltende betriebliche Regelung des betreffenden Sachverhalts und die Aushändigung einer entsprechenden Informationsunterlage. Denkbar ist auch die Information über entsprechende Leistungen in einem gesonderten Anschreiben an die betreffenden Mitarbeiterinnen und Mitarbeiter. Im folgenden Mustertext sind demzufolge mit einer Ausnahme (Verlängerung Krankengeldzuschuss) auch keine dieser Zusatzleistungen ausformuliert.

Die X-GmbH ... [Name und Anschrift]

– nachfolgend „Unternehmen“

und Herr Y, wohnhaft ... [Name und Anschrift]

– nachfolgend „Mitarbeiter“

schließen nachfolgenden

ARBEITSVERTRAG

ab:

1. Beginn des Arbeitsverhältnisses, Art und Ort der Tätigkeit

1.1 Der Mitarbeiter wird für das Unternehmen als ... [Art der Tätigkeit] am Standort ... [Ort des Betriebes] tätig.

1.2 Das Arbeitsverhältnis beginnt am ....

1.3 Die ersten sechs Monate gelten als Probezeit.

→ Hinweis zur Probezeit

Die Probezeit kann auch als befristetes Arbeitsverhältnis ausgestaltet werden. Konsequenz: Das Arbeitsverhältnis endet automatisch mit Ablauf der Probezeit, ohne dass es einer Kündigung bedarf. Wird die Fortsetzung der Zusammenarbeit angestrebt, so ist dies zwischen Unternehmen und Mitarbeiter vor Ablauf der Probezeit zu vereinbaren. Arbeitet der Mitarbeiter allerdings über den Zeitpunkt des Endes der Probezeit hinaus tatsächlich weiter im Betrieb, entsteht im Anschluss ein unbefristetes Arbeitsverhältnis, wenn dies vom Arbeitgeber wissentlich geduldet wird.

→ Bewertung

Die Befristung der Probezeit wäre aus Sicht des Unternehmens dann sinnvoll, wenn sich dadurch bei Bedarf die Beendigung der Zusammenarbeit einfacher herbeiführen lassen würde. Da das Kündigungsschutzgesetz Arbeitsverhältnisse erst ab dem 7. Monat des Bestehens schützt, ergibt sich in der Praxis im Regelfall kein wesentlicher Vorteil aus der Befristung. Aber Achtung: Ausnahmen gelten für Personen, die bereits mit Beginn des Arbeitsverhältnisses einen besonderen Kündigungsschutz genießen. Ferner ist zu beachten, dass die Vorschriften über Betriebsratsanhörung, Kündigungsfristen und das Verbot sittenwidriger Kündigungen auch für Kündigungen innerhalb der ersten sechs Monate eines Arbeitsverhältnisses Anwendung finden. Sofern im betreffenden Unternehmen diese Fragestellungen nicht beherrscht werden, können sich aus der Befristung praktische Vorteile ergeben. Demgegenüber steht allerdings die Frage der personalpolitischen Betrachtung einer Befristung der ersten sechs Monate: Kritiker könnten anführen, das Unternehmen dokumentiere dadurch gegenüber dem neuen Mitarbeiter bereits zum Zeitpunkt der Einstellung ein gewisses Misstrauen. Darüber hinaus stellt sich die Frage, ob beispielsweise qualifizierte und auf dem Arbeitsmarkt besonders gesuchte Mitarbeiterinnen und Mitarbeiter überhaupt bereit sein werden, ein befristetes Probearbeitsverhältnis abzuschließen.

Falls das Unternehmen „nur" ein befristetes Probearbeitsverhältnis anbieten will, empfiehlt sich anstelle der Formulierung in Ziffer 1.2 und 1.3 folgender Wortlaut:

„1.2 Das Arbeitsverhältnis wird als befristetes Probearbeitsverhältnis abgeschlossen und beginnt am .... Es endet, ohne dass es einer Kündigung bedarf, am ... [spätestens sechs Monate nach Beginn]. Sofern die Parteien vor Ablauf der Frist eine entsprechende Vereinbarung treffen, wird das Arbeitsverhältnis als unbefristet fortgesetzt.

1.3 Während der Probezeit kann das Arbeitsverhältnis beiderseits mit einer Frist von zwei Wochen gekündigt werden. Vor Beginn der vereinbarten Arbeitsaufnahme ist eine ordentliche Kündigung ausgeschlossen."

→ **Hinweis**

Bei Verwendung dieser Klausel ist die Regelung zur Vertragsdauer (weiter unten im Vertrag) ebenfalls anzupassen, s. dortiger Hinweis in Ziffer 16.

2. Übertragung anderer Tätigkeit

2.1 Das Unternehmen behält sich vor, dem Mitarbeiter andere Aufgaben zu übertragen, die seinen Fähigkeiten und Kenntnissen entsprechen und die mindestens gleichwertig sind. Dies schließt Tätigkeiten in anderen als den in Ziffer 1 genannten Betrieben des Unternehmens ein.

2.2 Der Mitarbeiter ist darüber hinaus bereit, bei einer anderen zum Unternehmen gehörenden Gesellschaft tätig zu werden, sofern die übernehmende Gesellschaft in alle Rechte und Pflichten dieses Vertrages eintritt.

3. Arbeitszeit

3.1 Die Dauer der Arbeitszeit richtet sich nach den Anforderungen der wahrgenommenen Funktion (aufgabenorientierte Arbeitszeit). Dabei gehen die Parteien davon aus, dass im Regelfall eine Wochenarbeitszeit von 40 Stunden zugrunde gelegt werden kann.[67]

3.2 Eventuell anfallende Über- bzw. Mehrarbeit ist mit der Vergütung abgegolten.[68]

---

67 Anders als bei leitenden Angestellten gelten die Bestimmungen des Arbeitszeitgesetzes auch für außertarifliche Angestellte!

68 Für die Wirksamkeit einer generellen Abgeltung sämtlicher Überstunden durch die vereinbarte Vergütung (inklusive erfolgsabhängiger Vergütung) sind – neben dem hier nicht relevanten Mindestlohngesetz – zwei Aspekte zu beachten:
1. Nach der Rechtsprechung des Bundesarbeitsgerichts ist eine solche generelle Abgeltung von Überstunden auf jeden Fall zulässig für Mitarbeiter, deren Brutto-Bezüge oberhalb der Beitragsbemessungsgrenze in der gesetzlichen Rentenversicherung liegen (2024: 90 600 Euro pro Jahr in den alten Bundesländern, 89 400 Euro jährlich in den neuen Bundesländern);
2. Die vereinbarte Vergütung des außertariflichen Mitarbeiters muss in diesem Fall einen gewissen Abstand zur Vergütung der höchsten Tarifgruppe aufweisen. Ansonsten könnte das effektive Entgelt eines Mitarbeiters der höchsten Tarifgruppe inklusive Überstundenbezahlung höher ausfallen als die Vergütung des außertariflichen Mitarbeiters. Viele Tarifverträge sehen deshalb bei der Festlegung ihres persönlichen Geltungsbereichs bereits vor, dass die Ausgestaltung eines Arbeitsverhältnisses als „außertariflich" einen bestimmten, fest definierten Mindestabstand zur Vergütung der höchsten Tarifgruppe voraussetzt.

4. Vergütung

4.1 Als Vergütung für die Tätigkeit wird ein jährliches Grundentgelt in Höhe von

... € brutto

vereinbart, zahlbar in zwölf gleichen Monatsbeträgen. Der sich daraus ergebende Nettobetrag wird jeweils am Ende eines Kalendermonats auf ein anzugebendes Gehaltskonto überwiesen.

4.2 Zusätzlich zu den monatlichen Bezügen erhält der Mitarbeiter eine jährliche erfolgsabhängige Vergütung nach Maßgabe der für vergleichbare Mitarbeiterinnen und Mitarbeiter jeweils geltenden Regelung des Unternehmens.

→ **Hinweis**

An dieser Stelle sind verschiedene Modelle denkbar. Welche Art der erfolgsabhängigen Vergütung sich für das jeweilige Unternehmen und die einzelne Funktion empfiehlt, kann nur nach sorgfältiger Prüfung aller Umstände im Einzelfall festgestellt werden. Aus Sicht des Unternehmens ist es sinnvoll, die Einzelheiten nicht im Vertrag zu regeln, sondern im Wege einer allgemeinen, separaten Regelung für diesen Mitarbeiterkreis (ist dem Mitarbeiter gesondert auszuhändigen). Die nachfolgende Regelung ist ein Beispiel und mag insofern als Überlegungshilfe dienen – mehr nicht!

„Die jährliche erfolgsabhängige Vergütung beträgt zwischen 0 % und 50 % des jährlichen Grundentgelts.

Für das voraussichtliche Geschäftsergebnis des Unternehmens im laufenden Jahr werden bis zu 25 % gewährt, die restlichen 0–25 % werden in Abhängigkeit von der persönlichen Leistung gezahlt. Entsprechende Zielvereinbarungen – möglichst mit messbaren Kenngrößen – werden rechtzeitig vor Beginn des jeweiligen Geschäftsjahres definiert.

Die Höhe der erfolgsabhängigen Vergütung verringert sich um 1/12 für jeden vollen Kalendermonat, in dem das Arbeitsverhältnis in dem betreffenden Kalenderjahr entweder ruht oder der Mitarbeiter arbeitsunfähig ist. Für eine solche Verringerung der Vergütung werden jedoch nur Zeiträume außerhalb einer gesetzlichen Entgeltfortzahlungspflicht berücksichtigt.

Im Ein- oder Austrittsjahr erhalten Mitarbeiter den nach Maßgabe der obigen Bestimmungen ermittelten Betrag anteilig (1/12 für jeden vollen Kalendermonat des Bestehens des Arbeitsverhältnisses.

Die erfolgsabhängige Vergütung kommt gleichzeitig mit den Bezügen für den Monat April des Folgejahres zur Auszahlung."

4.3 Im Falle der Übertragung höherwertiger Aufgaben (s. Ziffer 2.1) wird das Jahresentgelt mit Wirkung ab Aufnahme der neuen Tätigkeit entsprechend angepasst.

5. Rückzahlung zu viel erhaltener Leistungen

Das Unternehmen kann Überzahlungen und sonstige Leistungen, die zu viel gewährt wurden, vom Mitarbeiter nach den Grundsätzen des allgemeinen Bereicherungsrechts zurückfordern. Der Mitarbeiter kann sich hierbei nicht auf einen möglichen Wegfall der Bereicherung berufen, wenn die Zuvielleistung auf Umständen beruht, die von ihm zu vertreten sind, oder wenn er den Fehler hätte erkennen müssen.

6. Arbeitsverhinderung

6.1 Der Mitarbeiter ist verpflichtet, jede Arbeitsverhinderung unverzüglich mitzuteilen. Grund und voraussichtliche Dauer sind dabei anzugeben.

6.2 Im Krankheitsfall gilt ergänzend: Dauert die Arbeitsverhinderung mehr als ...[69] Kalendertage, ist der Mitarbeiter verpflichtet, die Arbeitsunfähigkeit spätestens am darauffolgenden Arbeitstag durch Vorlage einer ärztlichen Bescheinigung nachzuweisen. Das Unternehmen ist berechtigt, die Vorlage der ärztlichen Bescheinigung früher zu verlangen. Für Mitarbeiterinnen und Mitarbeiter, die im Rahmen ihrer gesetzlichen Krankenversicherung behandelt werden, gilt abweichend hiervon: die Vorlage der ärztlichen Bescheinigung erfolgt durch den behandelnden Arzt per eAU an die betreffende Krankenkasse.

6.3 Dauert die krankheitsbedingte Arbeitsunfähigkeit länger als ursprünglich mitgeteilt, ist das Unternehmen unverzüglich über die Verlängerung zu informieren und unverzüglich eine ärztliche Folgebescheinigung vorzulegen bzw. – im Falle einer gesetzlichen Versicherung – die Weiterleitung per eAU an die Krankenkasse entsprechend zu veranlassen.

7. Entgeltfortzahlung bei Arbeitsunfähigkeit und im Todesfall

7.1 Bei unverschuldeter Arbeitsunfähigkeit infolge von Krankheit erhält der Mitarbeiter die vereinbarten Bezüge im Rahmen der jeweils geltenden gesetzlichen Bestimmungen weiter gewährt.[70]

7.2 Nach Ablauf der gesetzlichen Entgeltfortzahlung erhält der Mitarbeiter für weitere 46[71] Wochen einen Zuschuss zum Krankengeld in Höhe der Differenz zwischen Krankengeld und dem monatlichen Nettoeinkommen. Sofern der Mitarbeiter privat krankenversichert ist, errechnet sich der Zuschuss aus der Differenz zwischen dem Betrag, den die Techniker Krankenkasse als Krankengeld bezahlen würde,

---

69 Das Gesetz normiert als Regelfall die Verpflichtung zur Vorlage einer ärztlichen Bescheinigung, wenn die Arbeitsunfähigkeit länger als drei Kalendertage dauert, am darauffolgenden Arbeitstag. Der Arbeitgeber ist jedoch berechtigt, die Vorlage einer ärztlichen Bescheinigung früher zu verlangen – bereits für den (und falls technisch möglich am) ersten Tag der Arbeitsunfähigkeit. In Verträgen außertariflicher Angestellter ist eine von vornherein bestehende frühere Vorlagepflicht eher nicht üblich.

70 Die ersten vier Wochen des Arbeitsverhältnisses gelten als Wartezeit ohne Anspruch auf Entgeltfortzahlung im Krankheitsfall. Ist die Wartezeit erfüllt, beträgt die Entgeltfortzahlung im Krankheitsfall bis zu sechs Wochen.
Sofern der einschlägige Tarifvertrag eine Entgeltfortzahlung bereits ab Beginn des Arbeitsverhältnisses vorsieht, sollte dies auch in den Verträgen der außertariflichen Mitarbeiter durch einen entsprechenden Zusatz aufgenommen werden.

71 Freiwillige Leistung des Unternehmens, insbesondere für Führungskräfte häufig vorgesehen. Einschließlich der 6-wöchigen Entgeltfortzahlung wird damit ein Zeitraum von einem Jahr abgesichert.

und dem monatlichen Nettoeinkommen. Der sich aus dem Zuschuss für den Mitarbeiter ergebende Vorteil ist von diesem zu versteuern.

Der Krankengeldzuschuss ist eine freiwillige Leistung des Unternehmens; er entfällt, soweit anderweitige Entgeltersatzleistungen oder Anspruch auf Rente wegen Alters, Erwerbs- oder Berufsunfähigkeit (auch vorgezogene Altersrenten) geltend gemacht werden können.

7.3 Im Falle des Todes erhalten die Erben oder unterhaltsberechtigte Angehörige die vereinbarten Bezüge für den Sterbemonat sowie für ...[72] weitere Monate fortgezahlt. Die Auszahlung erfolgt als Einmalbetrag.

Es bleibt dem Unternehmen überlassen, an welche Erben oder unterhaltsberechtigte Personen diese Bezüge ausbezahlt werden.

8. Bezahlte Arbeitsversäumnisse[73]

Bei notwendigen, unverschuldeten Arbeitsversäumnissen gewährt das Unternehmen bezahlte Freistellung von der Arbeit in folgenden, abschließend aufgezählten Fällen:

– Tod des Ehegatten	3 Arbeitstage
– Tod eigener Kinder sowie von Stief-/Adoptivkindern	2 Arbeitstage
– Eigene Eheschließung	2 Arbeitstage
– Geburt eines leiblichen Kindes	1 Arbeitstag
– Tod eines Eltern- oder Schwiegerelternteils	1 Arbeitstag
– Tod von Geschwistern/Halbgeschwistern	1 Arbeitstag
– Teilnahme an der Trauung eigener Kinder oder Adoptivkinder	1 Arbeitstag
– Wohnungswechsel, sofern ein eigener Hausstand besteht	1 Arbeitstag

9. Dienstreisen

Für die Durchführung von Dienstreisen sowie die Erstattung dadurch entstehender Kosten gelten die jeweiligen betrieblichen Regelungen.

72 Regelung kommt in der Praxis häufig vor; es handelt sich um eine freiwillige Leistung. Möglich ist eine Abstufung in Abhängigkeit von der Unternehmenszugehörigkeit, z. B. grundsätzlich für einen Monat, nach fünf Jahren Zugehörigkeit für zwei Monate, nach zehn Jahren für drei Monate. Sofern der Sachverhalt tariflich geregelt ist, empfiehlt sich eine Übernahme dieser Bedingungen in die Verträge für außertarifliche Angestellte.

73 Der Vergütungsanspruch bei **unverschuldeter Arbeitsverhinderung durch persönliche Gründe** (bezahlte Arbeitsversäumnisse) ist im Gesetz nur allgemein geregelt (§ 616 BGB). Diese gesetzliche Regelung kann durch den Arbeitsvertrag konkretisiert und sogar ganz ausgeschlossen werden. Die hier **als Beispiele dargestellten Sachverhalte** finden sich in vielen tariflichen und betrieblichen Vereinbarungen. Für den jeweiligen Arbeitsvertrag können weitere Freistellungen aufgenommen oder einzelne der Beispiele herausgenommen werden. Bei dieser Klausel empfiehlt sich vorliegend ein inhaltlicher Abgleich mit den für den jeweiligen Beschäftigungsbetrieb geltenden tariflichen und betrieblichen Regelungen (d. h. Aufnahme vergleichbarer Sachverhalte in den Vertrag mit denselben Freistellungszeiträumen wie für Tarifangestellte).

10. Erholungsurlaub[74]

A: Gesetzlicher Urlaubsanspruch

10.1 Gemäß der derzeit gültigen gesetzlichen Regelung hat der Mitarbeiter Anspruch auf einen gesetzlichen Mindesturlaub von 24 Werktagen bezogen auf eine 6-Tage-Woche, bei einer 5-Tage-Woche sind das 20 Arbeitstage, pro Kalenderjahr. Im Falle einer zukünftigen gesetzlichen Änderung gilt die jeweils geltende gesetzliche Regelung für das Arbeitsverhältnis. Im Übrigen gilt das Bundesurlaubsgesetz in seiner jeweils geltenden Fassung.

B: Zusätzlicher vertraglicher Urlaub

10.2 Das Unternehmen gewährt dem Mitarbeiter zusätzlich zu dem gesetzlichen Mindesturlaub einen vertraglichen Urlaub von weiteren zehn Arbeitstagen pro Kalenderjahr, bezogen auf eine 5-Tage-Woche und eine wöchentliche Arbeitszeit von ... (z. B. 40) Stunden. Sofern der gesetzliche Mindesturlaub erhöht wird, behält sich das Unternehmen vor, den vertraglichen Urlaubsanspruch entsprechend zu reduzieren. Das Bundesurlaubsgesetz findet keine Anwendung.

Im Ein- und Austrittsjahr wird der vertragliche Zusatzurlaub anteilig mit 1/12 für jeden vollen Kalendermonat des Bestehens des Arbeitsverhältnisses gewährt (pro rata). Bruchteile von Urlaubstagen werden mit einer Dezimalstelle nach dem Komma kaufmännisch gerundet. Das Unternehmen behält sich vor, eventuell zu viel gewährten Urlaub im Austrittsjahr mit noch bestehenden Entgeltansprüchen des Mitarbeiters zu verrechnen, soweit dies rechtlich zulässig ist. Endet das Arbeitsverhältnis durch Tod des Mitarbeiters, erfolgt keine Abgeltung von eventuell noch nicht gewährtem vertraglichen Zusatzurlaub.

Eine Übertragung des zusätzlichen vertraglichen Urlaubs auf das Folgejahr ist nur aus betrieblichen oder dringenden persönlichen Gründen des Mitarbeiters möglich, höchstens bis zum 31.03. des Folgejahres. Hierzu bedarf es der vorhergehenden schriftlichen Genehmigung durch das Unternehmen. Nach dem 31.03. verfallen nicht genommene Urlaubsansprüche aus dem Vorjahr ersatzlos, egal aus welchem Grund. Eine Abgeltung findet in diesem Fall nicht statt.

C: Allgemeine Bestimmungen für den gesetzlichen und vertraglichen Urlaub

10.3 Bei der Beantragung und Gewährung von Urlaub gilt folgende Rangfolge:

Zunächst ist ggfs. noch bestehender Resturlaub aus dem Vorjahr zu beantragen und zu gewähren; danach folgt der gesetzliche Urlaubsanspruch. Nur wenn weder Resturlaub noch gesetzliche Urlaubsansprüche mehr bestehen, kann der zusätzliche vertragliche Urlaub beantragt und gewährt werden.

10.4 Der Urlaub soll möglichst zusammenhängend beantragt und gewährt werden. Er ist grundsätzlich vollständig im laufenden Kalenderjahr zu gewähren bzw. zu nehmen.

74 Für außertarifliche Angestellte kann auch ein Verweis auf die einschlägigen Tarifbestimmungen oder die Übernahme der entsprechenden Regelungen in den Arbeitsvertrag sinnvoll sein.

10.5 Der Mitarbeiter kann Urlaub erst dann antreten, wenn dieser vom Unternehmen genehmigt oder festgelegt ist.

10.6 Im Übrigen gelten die jeweiligen betrieblichen Urlaubsregelungen.

11. Nebentätigkeit

11.1 Der Mitarbeiter verpflichtet sich, jede bei Vertragsabschluss beabsichtigte oder bereits ausgeübte Nebentätigkeit mitzuteilen.

11.2 Die nach Vertragsabschluss beabsichtigte Aufnahme einer Nebentätigkeit ist dem Unternehmen rechtzeitig – vor Eingehen einer entsprechenden Verpflichtung – mitzuteilen.

11.3 Die Aufnahme einer Nebentätigkeit ist nicht zulässig und kann vom Unternehmen untersagt werden, wenn

- eine Konkurrenzsituation zur [*X-GmbH*] oder mit ihr verbundener Unternehmen entstehen würde,
- durch die Ausübung der Nebentätigkeit zusätzlich zur Tätigkeit für das Unternehmen gegen arbeitszeitrechtliche Bestimmungen verstoßen würde,
- die ordnungsgemäße Erfüllung der Pflichten aus dem Arbeitsverhältnis mit dem Unternehmen gefährdet wäre oder
- sonstige berechtigte Interessen des Unternehmens beeinträchtigt sein können.

11.4 Entsprechendes gilt für eine tätige Beteiligung an einem anderen Unternehmen sowie für Ehrenämter oder ähnliche Funktionen bei fremden Unternehmen beziehungsweise bei wirtschaftlichen Verbänden und Organisationen.

12. Geheimhaltung/Herausgabe von Unterlagen

12.1 Der Mitarbeiter verpflichtet sich, über erlangte Geschäfts- und Betriebsgeheimnisse sowie über alle als vertraulich gekennzeichneten Angelegenheiten Stillschweigen zu wahren. Dies gilt auch gegenüber Mitarbeiterinnen und Mitarbeitern des Unternehmens, soweit diese Personen nicht im Rahmen ihrer Aufgaben zur Kenntnisnahme befugt sind. Der Mitarbeiter verpflichtet sich ferner, Informationen aus dem geschäftlichen Bereich nicht für private Zwecke auszuwerten und keine Aufzeichnungen oder Vervielfältigungen zum privaten Gebrauch anzufertigen.

Dies gilt sinngemäß für Angelegenheiten von mit der [*X-GmbH*] verbundenen Unternehmen.

12.2 Die Verpflichtung gemäß Ziffer 12.1 gilt auch nach Beendigung des Arbeitsverhältnisses fort.

12.3 Der Mitarbeiter verpflichtet sich, alle seine dienstliche Tätigkeit betreffenden Unterlagen, Abbildungen, Muster und dergleichen als ihm anvertrautes, ausschließliches Eigentum des Unternehmens zu behandeln. Er wird dafür sorgen, dass solche Unterlagen sowie davon angefertigte Aufzeichnungen oder Vervielfältigungen weder ganz noch teilweise zur Kenntnis Unbefugter gelangen. Der Mitarbeiter wird auf Verlangen jederzeit, bei Beendigung des Arbeitsverhältnisses unaufgefordert alle Unterlagen seiner Vorgesetzten oder seinem Vorgesetzten aushändigen und dabei kein Zurückbehaltungsrecht geltend machen.

13. Wahrung von Unternehmensinteressen

Der Mitarbeiter ist verpflichtet, dem Unternehmen sämtliche Beteiligungen (z. B. Aktienbesitz) an Kunden, Wettbewerbern oder Lieferanten des Unternehmens mitzuteilen, sofern diese Verbindungen die Besorgnis der Befangenheit begründen könnten. Dies gilt auch für sonstige Geschäftsverbindungen, sofern dadurch Interessen des Unternehmens beeinträchtigt sein könnten.

13.2 Der Mitarbeiter ist im Rahmen seiner Tätigkeit ferner verpflichtet, das Unternehmen vor Abschluss solcher Geschäfte zu informieren, bei denen er oder nahe Angehörige in einer Beziehung zu dem möglichen Vertragspartner stehen, aufgrund derer die Besorgnis der Befangenheit bestehen könnte.

14. Arbeitsergebnisse

Der Mitarbeiter verpflichtet sich, dem Unternehmen die Ergebnisse seiner dienstlichen Tätigkeiten einschließlich aller Verbesserungsmöglichkeiten mitzuteilen. Alle Ergebnisse der dienstlichen Arbeiten stehen ausschließlich dem Unternehmen zu.

Nutzungs- und Verwertungsrechte – auch für unter das Urheberrecht fallende Leistungen (inklusive Computerprogramme) – gehen mit der Entstehung der Arbeitsergebnisse auf das Unternehmen über. Das Unternehmen erhält damit das ausschließliche und uneingeschränkte Nutzungsrecht für alle bekannten und neuen Nutzungsarten. Der Mitarbeiter wird an der Wahrung der sich daraus für das Unternehmen ergebenden Rechte mitwirken und alle vom Unternehmen dafür als notwendig erachteten Maßnahmen ergreifen.

Alle Ansprüche für den Übergang der obigen Rechte auf das Unternehmen sind durch die Bezüge abgegolten. Weitergehende betriebliche Regelungen bleiben hiervon unberührt.

Die vorstehende Regelung behält auch nach dem Ende des Arbeitsverhältnisses ihre Gültigkeit.

Für schutzfähige Erfindungen und Gebrauchsmuster gelten im Übrigen die gesetzlichen Bestimmungen in ihrer jeweils gültigen Fassung.

15. Vertragsstrafe[75]

15.1 Nimmt der Mitarbeiter die vereinbarte Tätigkeit nicht oder verspätet auf und trifft ihn dabei ein Verschulden, erklärt er sich bereit, eine Vertragsstrafe an das Unternehmen zu zahlen. Die Höhe der Vertragsstrafe beträgt für jeden Arbeitstag der verspäteten Arbeitsaufnahme ein durchschnittliches Tagesentgelt (brutto), insgesamt höchstens ein Brutto-Monatsentgelt. Als durchschnittliches Tagesentgelt gilt das Monatsentgelt geteilt durch 21.

---

75 Ob die Aufnahme dieses Abschnitts aus personalpolitischer Sicht sinnvoll ist, kann nur unter Berücksichtigung der Situation des jeweiligen Unternehmens und des betreffenden Arbeitsverhältnisses beurteilt werden. Außer den angesprochenen Fällen finden sich in der Praxis unter anderem auch noch Vertragsstrafen-Regelungen bei unentschuldigter Arbeitsversäumnis oder Verstoß gegen Geheimhaltungsverpflichtungen.

Für den Fall des Nichtantritts der Tätigkeit beträgt die Vertragsstrafe ein Brutto-Monatsentgelt.[76]

15.2 Beendet der Mitarbeiter die Tätigkeit vor Ablauf der Probezeit vertragswidrig, so hat er eine Vertragsstrafe in Höhe von einem Brutto-Monatsentgelt an das Unternehmen zu zahlen.

15.3 Beendet der Mitarbeiter die Tätigkeit nach Ablauf der Probezeit vertragswidrig, so hat er eine Vertragsstrafe in Höhe von einem Brutto-Monatsentgelt an das Unternehmen zu zahlen.

15.4 Die Möglichkeit des Unternehmens, einen weitergehenden Schaden geltend zu machen, bleibt davon unberührt.

16. Vertragsdauer, Beendigung

16.1 Das Arbeitsverhältnis endet, ohne dass es einer Kündigung bedarf, mit Ablauf des Monats, in dem der Mitarbeiter die Regelaltersgrenze der gesetzlichen Rentenversicherung erreicht.[77]

16.2 Ordentliche Kündigung

Während der Probezeit kann das Arbeitsverhältnis beiderseits mit einer Frist von vier Wochen zum Fünfzehnten oder zum Ende eines Kalendermonats gekündigt werden. Vor Beginn der vereinbarten Arbeitsaufnahme ist eine Kündigung ausgeschlossen.

Nach Ablauf der Probezeit kann das Arbeitsverhältnis beiderseits mit einer Frist von drei Monaten zum Quartalsende[78] gekündigt werden. Gesetzliche Verlängerungen der Kündigungsfrist aufgrund zunehmender Unternehmenszugehörigkeit gelten beiderseitig.

---

76 Die Höhe der Vertragsstrafe für den Fall des Nichtantritts entspricht im vorliegenden Fall annähernd dem Verdienst während der Kündigungsfrist in der Probezeit (das Bundesarbeitsgericht hält eine Vertragsstrafe in Höhe eines Monatsverdienstes bei einer Kündigungsfrist von vier Wochen für zulässig).

77 Rechtlich zulässig ist auch die Vereinbarung, dass das Arbeitsverhältnis endet, sobald der Mitarbeiter eine vorgezogene Altersrente beziehen kann, z. B. mit Vollendung des 63. Lebensjahres aufgrund langjähriger Versicherung. Diese Abrede wird jedoch nur wirksam, wenn sie innerhalb von drei Jahren vor dem vorgesehenen Ende des Arbeitsverhältnisses vom Mitarbeiter bestätigt wird (Bestätigungsvorbehalt in § 41 SGB IV).
Nur der Vollständigkeit halber: in diesem Zusammenhang werden im arbeitsrechtlichen Schrifttum vereinzelt auch sog. „Rentenbezugsklauseln" diskutiert, wonach das Arbeitsverhältnis – vor Erreichen der Regelaltersgrenze – enden soll, wenn tatsächlich eine Rente bezogen wird. Die Relevanz einer solchen Klausel insbesondere für kleinere Unternehmen halte ich für eher gering, auf die Vor- und Nachteile sowie die rechtliche Komplexität kann im Übrigen im vorgegebenen Rahmen nicht vertieft eingegangen werden.

78 Hier sind mindestens die gesetzlichen Kündigungsfristen vorzusehen. Für außertarifliche Angestellte wird häufig eine längere Kündigungsfrist vereinbart. Aus Sicht des Unternehmens kann dies sinnvoll sein, um im Falle einer Kündigung des Mitarbeiters eine kurzfristige Vakanz zu vermeiden und einen längeren Zeitraum für die Nachfolgeregelung (Suche und Einarbeitung) zur Verfügung zu haben.

→ **Hinweis bei befristeter Probezeit**

Sofern die Probezeit als befristetes Arbeitsverhältnis ausgestaltet ist (siehe Hinweis in Ziffer 1.3), ist Ziffer 16 zu modifizieren und lautet wie folgt:

„16. Vertragsdauer und Beendigung im Falle einer unbefristeten Fortsetzung des Arbeitsverhältnisses über den ... hinaus

Wird das Arbeitsverhältnis über den ... hinaus fortgesetzt, gelten die nachfolgenden Bestimmungen hinsichtlich der Vertragsdauer sowie der Beendigung des Vertrages:

16.1 Das Arbeitsverhältnis endet, ohne dass es einer Kündigung bedarf, mit Ablauf des Monats, in dem der Mitarbeiter die Regelaltersgrenze der gesetzlichen Rentenversicherung erreicht.[79]

16.2 Nach Ablauf der Probezeit kann das Arbeitsverhältnis beiderseits mit einer Frist von drei Monaten zum Quartalsende gekündigt werden. Gesetzliche Verlängerungen der Kündigungsfrist aufgrund zunehmender Unternehmenszugehörigkeit gelten beiderseitig."

17. Freistellung von der Arbeitspflicht

Im Falle einer Kündigung ist das Unternehmen berechtigt, den Mitarbeiter unter Fortzahlung der Bezüge unwiderruflich bis zum Ablauf der Kündigungsfrist von der Arbeit freizustellen. Die Freistellung wird auf eventuell noch vorhandene Urlaubsansprüche und sonstige Freistellungsansprüche angerechnet.

18. Information durch das Unternehmen: Geltung von Tarifverträgen

Das Unternehmen setzt den Mitarbeiter hiermit davon in Kenntnis, dass der Beschäftigungsbetrieb zum Zeitpunkt des Vertragsabschlusses tarifgebunden ist. Auf die Arbeitsverhältnisse der Mitarbeiterinnen und Mitarbeiter innerhalb des persönlichen Geltungsbereichs der Tarifbestimmungen finden die jeweils geltenden Tarifverträge Anwendung. Dies sind derzeit die Tarifverträge der ... (Branche)industrie in ... (Tarifbezirk).

Auf das vorliegende Arbeitsverhältnis finden die Tarifbestimmungen keine Anwendung.

19. Ergänzende Information: Geltung von Betriebsvereinbarungen

Auf das Arbeitsverhältnis finden die für den jeweiligen Beschäftigungsbetrieb geltenden Betriebsvereinbarungen in ihrer jeweils gültigen Fassung Anwendung.

20. Öffnungsklausel

20.1 Bezüglich Betriebsvereinbarungen oder Teilen von Betriebsvereinbarungen, die nach Abschluss dieses Vertrages abgeschlossen oder abgeändert werden, wird Folgendes vereinbart:

79 S. Fußnote 77.

20.1.1 Für das Arbeitsverhältnis geltende Betriebsvereinbarungen haben Vorrang gegenüber individualrechtlichen Regelungen; dies gilt auch, wenn die individualrechtliche Regelung für den Mitarbeiter günstiger wäre.

20.1.2 Information durch das Unternehmen: auf Gegenstände, die üblicherweise nicht durch Betriebsvereinbarung geregelt werden können (z. B. die Höhe der monatlichen Grundvergütung, die Dauer der regelmäßigen wöchentlichen Arbeitszeit oder Art und Ort der Tätigkeit) findet Ziffer 20.2.1 keine Anwendung.[80]

20.2 Ziffer 20.1 gilt auch im Falle eines Wechsels des Beschäftigungsbetriebes mit der Maßgabe, dass die für den neuen Beschäftigungsbetrieb geltenden Betriebsvereinbarungen Vorrang gegenüber individualrechtlichen Regelungen haben.

21. Ausschlussfristen[81]

21.1 Ansprüche aus dem Arbeitsverhältnis sind innerhalb von drei Monaten nach Fälligkeit in Textform geltend zu machen.

21.2 Lehnt die Gegenseite in Textform einen rechtzeitig geltend gemachten Anspruch ab, so ist dieser Anspruch innerhalb von drei Monaten nach Zugang der Ablehnung gerichtlich geltend zu machen.

Erfolgt keine entsprechende Stellungnahme der Gegenseite innerhalb von zwei Monaten, so ist der Anspruch ebenfalls gerichtlich geltend zu machen. Die Frist für die gerichtliche Geltendmachung in diesem Fall beträgt drei Monate und beginnt mit Ablauf der Frist für die Stellungnahme der Gegenseite.

21.3 Ansprüche, die nicht innerhalb dieser Zeiträume entsprechend geltend gemacht werden, verfallen.

21.4 Für folgende Ansprüche gelten die Ausschlussfristen gemäß Ziffern 21.1 bis 21.3 nicht:

- Ansprüche, die kraft Gesetzes einer Ausschlussfrist entzogen sind, beispielsweise nach dem Mindestlohngesetz oder solche im Zusammenhang mit Erholungsurlaub,
- Ansprüche aufgrund vorsätzlicher Pflichtverletzungen sowie
- Ansprüche aufgrund einer Verletzung von Leben, Körper oder Gesundheit.

80 Die Herausnahme monatlicher Grundvergütung, regelmäßiger wöchentlicher Arbeitszeit oder Art und Ort der Tätigkeit aus der Öffnungsklausel für Betriebsvereinbarungen ist lediglich eine Klarstellung. Über diese Gegenstände können Betriebsvereinbarungen im Regelfall nicht abgeschlossen werden.

81 An dieser Stelle kann auch die tarifliche Regelung der Ausschlussfristen in den Vertrag aufgenommen werden, sofern die Fristen in den beiden Stufen (21.1 und 21.2) jeweils mindestens drei Monate betragen.

22. Verpflichtungserklärung zum Datenschutz[82]

Der Arbeitsvertrag wird nur wirksam, wenn die beigefügte „Verpflichtungserklärung zur Wahrung der Vertraulichkeit bei der Verarbeitung personenbezogener Daten" vom Mitarbeiter ebenfalls unterzeichnet wird.

23. Schlussbestimmungen

23.1 Die vereinbarten Arbeitsbedingungen sind vertraulich zu behandeln.

23.2 ...

......................, den ....
(Ort) (Datum)

....
Unterschrift Unterschrift

Anlage gemäß § 2 Abs. 1 Nr. 14 des Nachweisgesetzes[83]

zum Arbeitsvertrag zwischen

der X-GmbH, ..., und

Herrn Y, wohnhaft ...

...

Der vollständige Text der „Anlage gemäß § 2 Abs. 1 Nr. 14 des Nachweisgesetzes" ist abgedruckt im Anschluss an das Vertragsmuster Nummer 2.

---

82 Ein **Beispiel** einer Verpflichtungserklärung ist **am Ende des Vertragsmusters Nummer 2** angefügt.

83 Allgemein zur Notwendigkeit einer entsprechenden Information s. Teil 1 „Generelle Überlegungen und Ausgangssituation", dort Ziffer 7.4. Die Neufassung des Nachweisgesetzes zum 01.08.2022 fordert *„die Information (über) das bei der Kündigung des Arbeitsverhältnisses von Arbeitgeber und Arbeitnehmer einzuhaltende Verfahren, mindestens das Schriftformerfordernis und die Fristen für die Kündigung des Arbeitsverhältnisses, sowie die Frist zur Erhebung einer Kündigungsschutzklage."* Dieses gesetzliche Erfordernis gilt auch für Arbeitsverträge von außertariflichen oder leitenden Angestellten.
Es wird empfohlen, diese Information außerhalb des eigentlichen Vertragstextes in Form einer separaten Anlage, die allerdings zu unterzeichnen ist, zur Verfügung zu stellen.

Sachregister